JN115930

私が生まれてきた訳は

中村久子の声を聞く

青木　馨　著

法藏館

私が生まれてきた訳は——中村久子の声を聞く＊目次

［付記］

・録音や引用文（『こころの手足』一九八三年新装第一刷）の中で、現代感覚と異なる言辞やいわゆる差別的表現もあるが、録音および引用文という性格上、そうした部分についても手を加えていない。

・本文ⅠからⅤまでは原則として久子女史や他の方々の敬称を略している。年齢はかぞえ年とした。

はじめに

「オリンピック・パラリンピック」（オリパラ）という言葉は、今や一つの単語のように使われているように思う。中村久子女史（一八九七〜一九六八）の生まれ育った時代には、障害者は邪魔者扱いにされた。彼女は度々そのことを書き綴っているが、現代において手足や視力を失った人たちがそれを乗り越え競技をする光景を見られたら、どんなにか喜ばれたであろう。幼児期に四肢（しし）を失ったにもかかわらず、彼女の眼（まなこ）は常に障害に苦しむ人々に注がれていた。それは、I章で紹介する「悲母観世音菩薩像」の銘板にも刻まれている。その願いは、いつの時代へも受け継がれねばならないと思う。

現今の社会では、「自助・共助・公助」という言葉を段階的に考える政治的風潮があるが、この人を見る限りそれは一体的なものであることに気づかされる。これらは切り離して考える性質のものではなく、「社会福祉」という言葉が生まれてきたように、福祉はどこまでも社会と一体なのであろう。そして、それを最初に実践したのが聖徳太子の四天王寺に代表される仏教であったが、いつしかその活動も収縮する。しかし、久子女史の出会った同様な境遇の宗教者らは、障害者援助の実践者たちだった。この点についてはあまり深く掘り下げていないが、忘れてはならない一点である。

　さらに、久子女史自身の内面においては、信仰世界を確かなものとして、身をもって親鸞聖人のお念仏の道を歩まれた実践者であった。浄土真宗では、江戸時代以来すぐれて篤信（とくしん）な人を妙好人（みょうこうにん）と称するが、久子女史はまさに現代の妙好人であった。それはお手本のように見るのではなく、真実の宗教は真に人を救う、という言葉では表現しきれない境地を示していかれたということである。先の出版（『A級戦犯者の遺言――教誨師・花山信勝が聞いたお念仏』二〇一九）でみた「A級戦犯」として処刑された人たちも同様である。久子女史は「生」を見つめて、そして戦犯者たちは「死」を見つめて、この究極の命題を「南無阿弥陀仏」や親鸞聖人の言葉や教えから、解決したと確信する。

　中村久子という人の人生はあまりに偉大で重く、近づき難い面もあるが、ここに近づいていけるような歌に出会った。さだまさし作詞・作曲の「いのちの理由」である。以下に歌詞を紹介しておこう（「理由」は「りゆう」と仮名がふられている）。

いのちの理由

私が生まれてきた訳は
父と母とに出会うため
私が生まれてきた訳は
きょうだいたちに出会うため
私が生まれてきた訳は
友達みんなに出会うため
私が生まれてきた訳は
愛しいあなたに出会うため

春来れば　花自ずから咲くように
秋くれば　葉は自ずから散るように
しあわせになるために　誰もが生まれてきたんだよ
悲しみの花の後からは　喜びの実が実るように

私が生まれてきた訳は
何処かの誰かを傷つけて

私が生まれてきた訳は
何処かの誰かに傷ついて
私が生まれてきた訳は
何処かの誰かに救われて
私が生まれてきた訳は
何処かの誰かを救うため

夜が来て　闇自ずから染みるよう
朝が来て　光自ずから照らすよう
しあわせになるために　誰もが生きているんだよ
悲しみの海の向こうから　喜びが満ちて来るように

私が生まれてきた訳は
愛しいあなたに出会うため
私が生まれてきた訳は
愛しいあなたを護るため

この楽曲は、平成二十三年（二〇一一）の法然上人八百年大遠忌を記念して、浄土宗より依頼され制作されたもので、法然上人の思考（教え）を込めたとされる。「しあわせになるために誰もが生まれてきた」のフレーズは譲れない、とのコメントもある（法然共生イメージソング「いのちの理由」制作「さだまさしさんのコメント」参照・インターネットサイト「浄土宗宗祖法然上人８００年大遠忌　２０１１　ARCHIVE」http://jodo.or.jp/onki800/）。

若き日の久子女史も、自分はなぜ生まれてきたのかと問い続けたはずである。父や母に出会い、多くの人を傷つけ多くの人に傷つけられ、救われ救い、やがて悲しみの向こうに喜びを見出す眼が与えられた。その眼こそ「愛しいあなた」により見開かせてもらったのであると思う。

ここに紹介する録音された久子女史の法話の講題は「生かさる丶仕合せ」と、女史自身で法縁録に記帳されている。私自身がこの歌に思い至ったのは、ご本人も強調される「しあわせになるために誰もが生まれ」「誰もが生きている」のフレーズと、久子女史の「仕合せ」の背景とに脈が通じていると感じたからである。

浄土宗の祖法然上人は、浄土真宗の祖親鸞聖人の師である。この師弟の交わりは足掛け七年程であるが、親鸞聖人は九十歳で没するまで法然上人を師として仰ぎ続けた。今に法然上人の言説が、親鸞聖人の著述にも見られるのはそのためである。久子女史の信仰世界は、浄土真宗の法縁が基底ではあるが、この「いのちの理由」にその姿が映し出されたとみても、それほど不自然なことではないと思う。

「生きる」という命題は、人間にだけ与えられた崇高な営みである。中村久子という人の語られた生の声を聞き、その営みに光を感じ取っていただければと願いつつ本書を世に送りたい。

なお、本書の書名を『私が生まれてきた訳は』としたのも、「いのちの理由」の歌詞に由来する。「株式会社まさし」のご理解に対して謝意を表したい。

Ⅰ　中村久子

一、悲母観世音菩薩像

二〇二〇年一月、まったく雪のない暖冬の高山を訪れる機会があった。何年かぶりに国分寺の門をくぐり、ひっそりとした境内の脇に立つ悲母観音にお参りした。正面の「南无大慈悲母観世音」の文字は山田無文老師の揮毫だと直感した。そして、左側面に刻してある「悲願のことば」を改めて記録した。建立以来五十五年経過したことになる。ひっそりとした境内に立って、このお像がここになかったならば、中村久子という人のことが忘れ去られてしまうのではないかと、ふと頭をよぎった。

久子が昭和四十三年（一九六八）に亡くなって五十年余が経過した。時間は容赦なく進み、未来を今に、今を過去へと進める。お像建立の目的は「悲願のことば」に尽くされているが、時の経過とともに、このお像が中村久子という人物を偲ばせていただくご縁ともなっているように思えてならない。

（銘文）

悲願のことば

凡そ不具の子供を持った母の心ほど
悲痛なことはないと思います　四才
の時ダッソ病のため四肢を失った私
を　温い愛情ときびしい躾のうちに
育てあげて下さいました母の心はど
んなにつらかったでしょうか　私の

久子により高山市国分寺に建立された悲母観世音菩薩像

苦難の道はいつも母の愛に引き立てられて越えさせて頂きました　私はこの思出と報恩のため此の聖地に悲母観音像を御安置申上げて　父釜鳴栄太郎　母あやの菩提を弔い併せて身体障害者の御勇氣とご多幸を長く祈念させて頂きたいと思います

昭和四十年九月五日

六十九才　中村久子

（正面像名）

南无大慈悲母観世音

花園无文㊞

昭和四十年（一九六五）九月五日、久子六十九歳のこの日、観音像の開眼（かいげん）法要が行

悲母観世音菩薩像　銘板「悲願のことば」

悲母観世音菩薩像　由来

悲母観音像前の久子（開眼法要当日）

高山市合唱団による合唱（同）

『花びらの一片』より転載

われた。おそらく久子の生涯でもっとも嬉しい日であったに違いない。導師は、臨済宗妙心寺派の山田無文老師（花園大学学長、後に妙心寺派管長・一九〇〇〜一九八八）であった。久子の後半生は、すべて仏縁で成り立っていたように思われるが、その第一のお方が老師であったのだろう。また、この像を制作されたのは画家であり彫刻家であった、檀那寺の真宗大谷派真蓮寺・三島常馨住職であった。そして、観音像の前で高山市合唱団により、この日に合わせて制作された「悲母観世音菩薩さま」が披露された。

悲母観世音菩薩さま

吉村比呂詩・作詞　湯山　昭・作曲

声を　かぎりに　母の名よべば
花の　おもかげ　やさしく浮ぶ
ああ　生きる日の　哀しみも
み手に　すがれば　涙にとける

うれし　なつかし　観世音
悲母観世音菩薩さま

想い　あふれて　母の名よべば
愛の　まなざし　こころにうるむ
ああ　人の世の　苦るしみも
願い　ひとすじ　はれゆく霧よ
うれし　なつかし　観世音
悲母観世音菩薩さま

中村久子という人の晩年のこころもちは、この短い銘文の中に凝縮され、この銘板にしっかり刻み込まれているといえよう。その意味するところは、久子の後半生すなわち自身に子供が授かり、母となって辿り着いた境地なのであろう。幼児期に手足を失い、自分の手足になってくれるはずの母が逆に一切手を出さず、何もかも一人でできるようにと厳しく躾（しつ）けられたが、そんな母を恨んだと述懐する。父は藁（わら）にもすがる思いで天理教に深く入信してまで、我が子の快癒を祈った。やがて仏縁を得てそれらの過去を回顧したとき、「鬼」のように思った母の姿は慈（いつく）しみの姿、「慈母」なればこそとの境地に立ち至った。その気持ちが観音像の姿となって表現されたものであることが伝わってくる。そして、障害を乗り越えながら生活するすべての人たちへの配慮も込められている。

　ところで、この観音像に注目すると、左手に赤子をだき抱えている。その赤子には手がない。おそらく手足のない赤子を胸に抱える姿。すなわちこの観音像は久子の母の姿が模されたものと見て取れる。制作者と久子の思いの中からこのような姿が創られていったのであろう。

　この観音像建立の機縁は、昭和三十七年（一九六二・久子六十六歳）四月十二日から三日間、ＮＨＫラジオの〝人生読本〟で、「御恩」と題して全国にその声が放送されたことによる。この放送の後、全国から励ましや亡き母への追弔の懇志金などが多数寄せられたようで、こうした浄財（じょうざい）をいかに意義深いものにするかと熟考され、

C
f
がれば　なみだにとける　うれし　なつかし
とすじ　はれゆくきりよ　うれし　なつかし

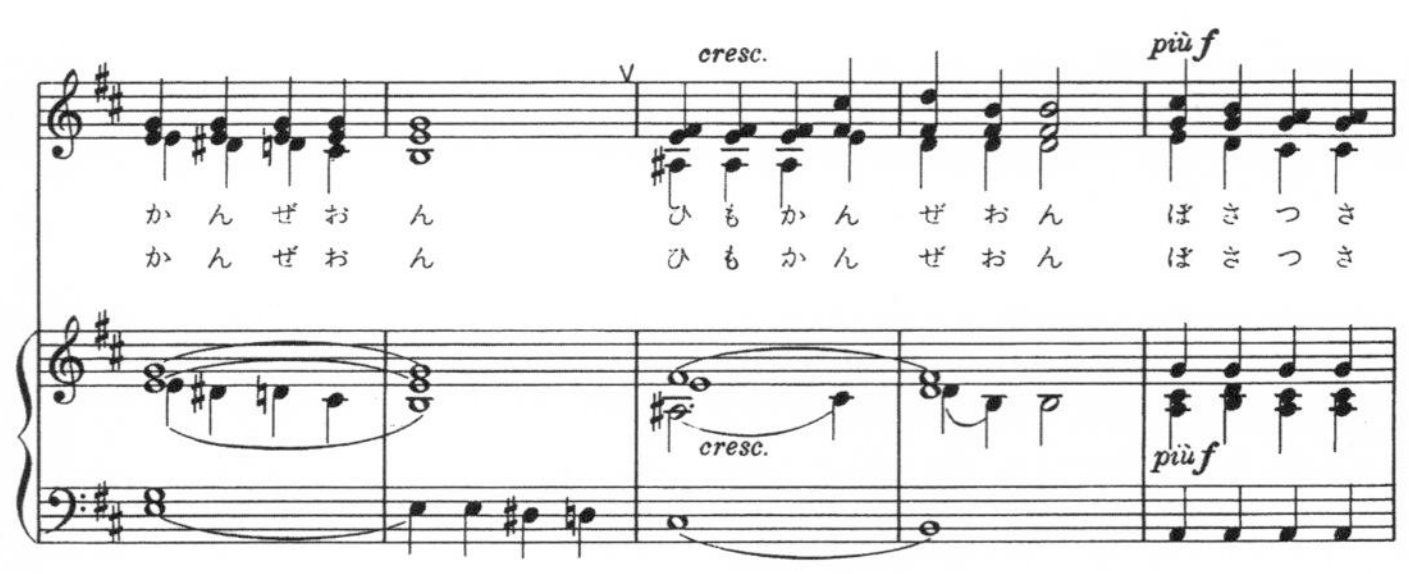
cresc.
più f
かんぜおん　ひもかんぜおん　ぼさつさ
かんぜおん　ひもかんぜおん　ぼさつさ

1.
2.
まま
まま
ff

『花びらの一片』より転載

悲母観世音菩薩さま

いのりを こめて（𝅗𝅥=48~50）
吉村比呂詩 作詩
湯山　昭 作曲
うた
ピアノ
または
オルガン
A
B
mp
f
1. こ え を か ぎ り に
2. お も い あ ふ れ て

は は の な よ べ ば は な の お も か げ や さ し く
は は の な よ べ ば あ い の ま な ざ し こ こ ろ に

mf
う か ぶ あ あ い き る ひ の か な し み も み て に す
う る む あ あ ひ と の よ の く る し み も ね が い ひ

結実したのがこの観世音像建立となったと述懐される。

そして、これを機に久子を後援する有志の組織「久光会」（会長・三島常馨）が発足し、毎年九月五日前後に法要が勤められることになった。法話講師は山田無文老師で、久子は自分が生きている限り、あるいはその後も、老師に毎年高山においでいただくよう依頼していた。添付の録音にもそのことが語られており、老師は「いよいよわしゃあんたに見込まれたんじゃなあ」と笑いながら応答されたようである。

しかしながら、久子生前中にはあと二回法要が勤められただけとなった。久子は観音像建立のわずか二年半後の昭和四十三年（一九六八）三月十九日、高山市天満町の自宅で七十二歳の生涯を閉じた。しかし、「久光会」はこの後も引き継がれ、久子の志は様々な形で障害者支援の動きとも重なっていくことになる。

二、中村久子という人

中村久子とは、どんな人生を送った人なのであろうか。久子の生涯については数多くの書物が出版されてきており、それらに明瞭正確に語られている。ご本人の名においての出版されたものだけでも次のようである。

『宿命に勝つ』（昭和十八年、新踏社）

『無形の手と足』（昭和二十四年、永田文昌堂）

『生きる力を求めて』（昭和二十六年、永田文昌堂）

『私の越えて来た道』（昭和三十年、池上社）

没後に、本人名で『こころの手足』（昭和四十六年・春秋社）が刊行され、現在も入手できる。さらには、久子の檀那寺である真宗大谷派真蓮寺（三島多聞住職）より、写真が豊富に掲載された冊子『花びらの一片』が刊行され続けている。また映像やテレビ番組にも取り上げられている。

中村久子の生涯は他人が文章に表現できないほど過酷である。少なくとも幼少期から前半生については、私の文章表現能力では困難である。それでも本書によって初めて中村久子を知る人もいるだろうから、最低限のことは記さねばならない。本書は久子の「声」を聞いていただくことが主眼であるので、以下の四点に絞って久子の辿った歩みを略述してみる。幸いに、『花びらの一片』の巻末に年譜が掲載されており、これを参照しつつ年齢などもみていきたい。

1　四肢切断から独り立ちへ

中村久子は、明治三十年（一八九七）飛騨高山に生まれた。畳職人の父釜鳴栄太郎と母あやの長女で、本名は「ひさ」であった。

翌年冬、左足が凍傷になり高熱で灼けただれ、右手と左足にも転移した。翌年、「特発性脱疽」と診断され、右手首と左足は膝下から、右足はかかとから切断。さらに翌年、四歳の時、日本赤十字支部の郡立病院で、両腕は肘関節から、両足は膝関節から切断。かろうじて生命は助かるものの、以後十四年間は苦痛の中で治療が続いた。そして七歳の時、天理教に深く縋り久子の快癒を祈った父が急死した。母は久子を連れて実家丸野家に戻るが（弟は父の実家へ預けられた）、翌年久子を連れて、藤田家へ嫁いだ。

久子を連れて再婚した母の労苦は並ではなく、高額な医療費（借金）も嵩み、久子を背負った母は何度も入水（じゅすい）を決意し川や橋まで行くも、実行できなかったという。後年、久子は高山に戻るとその場所場所が思い返されたと述懐する。また、幼児期には、「いつかおててやあんよ（手足）が生えてくるの」と父母に尋ねたり、小学校入学が叶わず学校行きたさに母を困らせたりしたことも、久子の著述にしばしば出てくる。

一時期別居するも、母は再度久子と共に藤田家へ戻った。別居の期間、母方の祖母丸野ゆきに読み書きを教わったことは、熱心な真宗門徒であった祖母の姿と共に久子の生涯の大きな土台になったようである。この頃から母はやがて来る久子自活の日のために、手足のない娘がすべてを一人でできるよう、いっそう厳しく躾けた。それは人の手を借りずに裁縫ができるようにする訓練であった。今の時代であったなら、「虐待」に映ったかもしれない光景であっただろう。その「鬼」のような母の姿を、久子が「慈母」の姿であったと観（み）るようになるのは、はるか長い道程を経てからのことであった。口と半分しかない腕と足と、布・糸・針・鋏（はさみ）などとの格闘であった。そして、四年ほどたった十五歳の夏、一か月かかって単衣（ひとえ）を口で縫い上

糸を引く

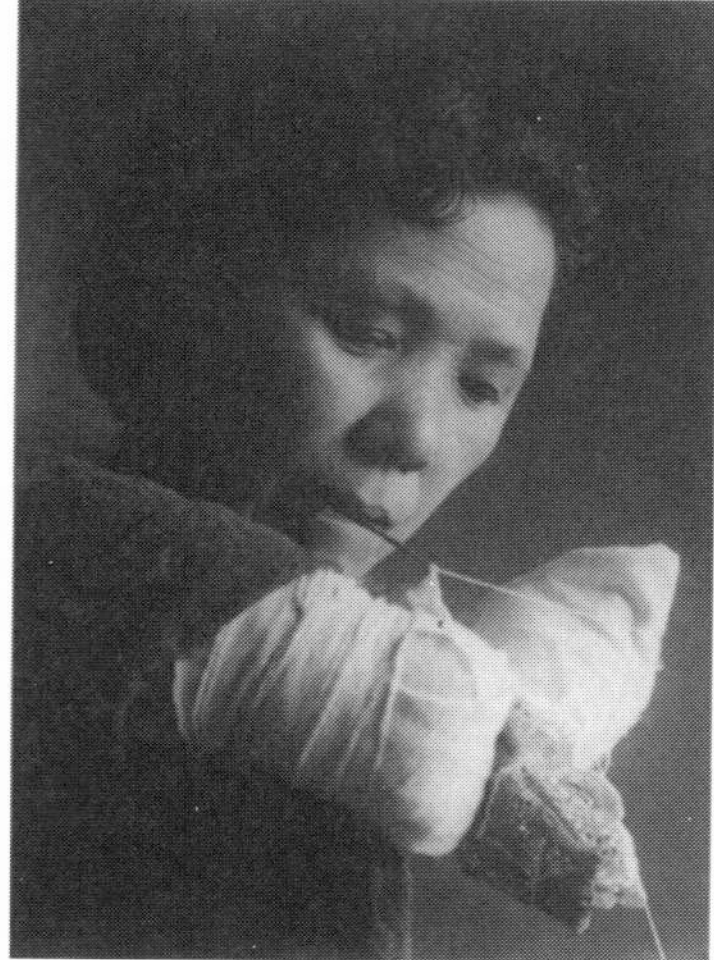

編物のときは、両腕にほうたいを巻いて作業をする。

ヘラづけの作業。使用の象牙のヘラは歯形でガタガタになっている。久子の歯がヘラに喰い入ってできた跡である。

写真・解説とも『花びらの一片』より転載

げることができた。

その後、しばらくマニラ麻つなぎの賃仕事をするが、大正五年（一九一六）、二十歳の時、悩み抜いた末、見世物小屋入りを決意した。芸名〝だるま娘〟として、口で字を書いたり針と糸を操(あやつ)ったりした。以後、全国各地を巡業し、台湾・朝鮮・満州へも渡った。皮肉にもこれが久子の自立の世界となった。そして、久子を案じ続けた母あやが大正九年八月に亡くなった。この年の十一月、身売りの年季が明け、一座の付き人中谷雄三と結婚することができた。

この年の秋、婦人雑誌『婦女界』の懸賞実話に応募し、一等に当選し掲載された。そして、賞金の他に義足も贈られ、翌年には東大病院にて装着治療を受け、二十余年の夢であった大地に立つことが実現した。まさに感動的な瞬間であった（以後、どの程度着装されたかは不明）。

2　四婚の家族生活

大正十一年（一九二二）、二十六歳の八月十二日、長女美智子を出産した。「私のような体にも、人並みに母の歓びを与えられたのだった」と述懐する。両手両足の整った我が子に感激と感謝の心を吐露し、さらに、母となって初めて知る母の歓びを、我が母あやが一度も味わうことなく生涯を終えたことに懺悔の心を深めたようである。

ところが、こうした幸せの時も束の間であった。夫は徐々に体調を崩していく。そして大正十二年（一九二三）八月二十日、可愛がってくれた祖母丸野ゆき急病の知らせが届き、高山線の鉄道がなかった時代に、やっとの思いで横浜から駆けつけた。九月一日の関東大震災の発生により、また大変な苦労の末に、横浜の焼け跡で夫と再会した。直後に祖母死去の知らせを受け、さらにその直後、同二十五日に夫（三十歳）も亡くなった。

震災後の混乱で生きる術を失いかける中、義兄の世話で同年十一月に進士由太と再婚した。翌年、次女富子を出産し、夫と四人で巡業に出た。ところが翌大正十四年（一九二五）十月、またしても夫が急性脳膜炎で急死してしまった。母子三人で途方に暮れる間もなく、「再び演技の座に上がった」という。

興業には男手が必要であり、幼児二人を抱えた障害者の久子には尚更であった。翌十五年（一九二六）、知人に紹介されて興業事務所職員であった定兼俊夫と再再婚した。妻が病死し、二女のある寡夫であった。学問も教養もあったが酒好きの浪費家で、子供にはよい父ではなかった。久子はその後、妊娠。興業中の台湾で、三十一歳の時三女妙子を出産した。しかしながら、翌昭和三年（一九二八）二月、巡業中の宮崎県都城において、妙子はその短い人生を閉じた。

昭和四年（一九二九）四月、長女美智子が小学校入学となり、長女・次女を岡山県玉島の八百屋に預けたが、預け先の衛生状態が良くなかったため、改めて姫路市大黒町の黒田氏に預けた。夫の子二人は親戚に引き取られたり養女に出したりした。久子の二人の子供の着物などは、自分で作って生活費と共に黒田家に送った。ただこのように、久子が自分の子供に援助することに対して夫の目は厳しかったようである。この年の秋、長女美智子の一年生の運動会を参観した。我が子が両手を振り両足で駆けるその光景と感動は、久子にとって生涯忘れ得ぬものとなった。同時に、自らの母にこの経験を一度も与えることができなかったことに気づき、母に対する謝恩がいっそう深まる機縁となった。

しかしながらその四年後の昭和八年（一九三三）、結局、三人目の夫と離婚し、同年三十七歳の時、興行師の紹介で中村敏夫と四婚することになる。この敏夫こそ生涯久子と夫婦生活を送り、戦後久子が全国で講演活動をするに当たり、まさに手足となった。そして久子没後も、次女の富子と共に顕彰活動に尽力した。そのため久子も富子も、中村姓で今に知られることになる。

このように、久子は身体だけでなく家族生活においても、重い命運を背負いながら力強く生き抜いたことを改めて銘記しておきたい。

3　障害を乗り越えた女性たちとの値遇

中村久子の生涯で、その歩みに大きな影響を与えた人は多いが、ここでは四人の女性に注目しておきたい。いずれも障害を力強く越えた人たちである。一人は最も早く久子に寄り添った人、伊藤朝子である。この人によって、本格的な宗教的信仰世界への道が開かれていくことになったが、Ⅱ章に詳しく記しているので、ここでは名前を挙げるのみとする。以下、座古愛子（ざこあいこ）、大石順教尼（おおいしじゅんきょうに）、ヘレン・ケラーを挙げてみたい。

　座古愛子（一八七八～一九四五）との出遇いは、愛子について書かれた記事であった。昭和四年（一九二九）、三十三歳の頃、買い求めた新刊の雑誌『キング』に掲載された「寝ながらにして女学校の購買部を受けもっている人」という記事が目に留まった。それは久子にとって、生涯を転換させるほどの内容であった。

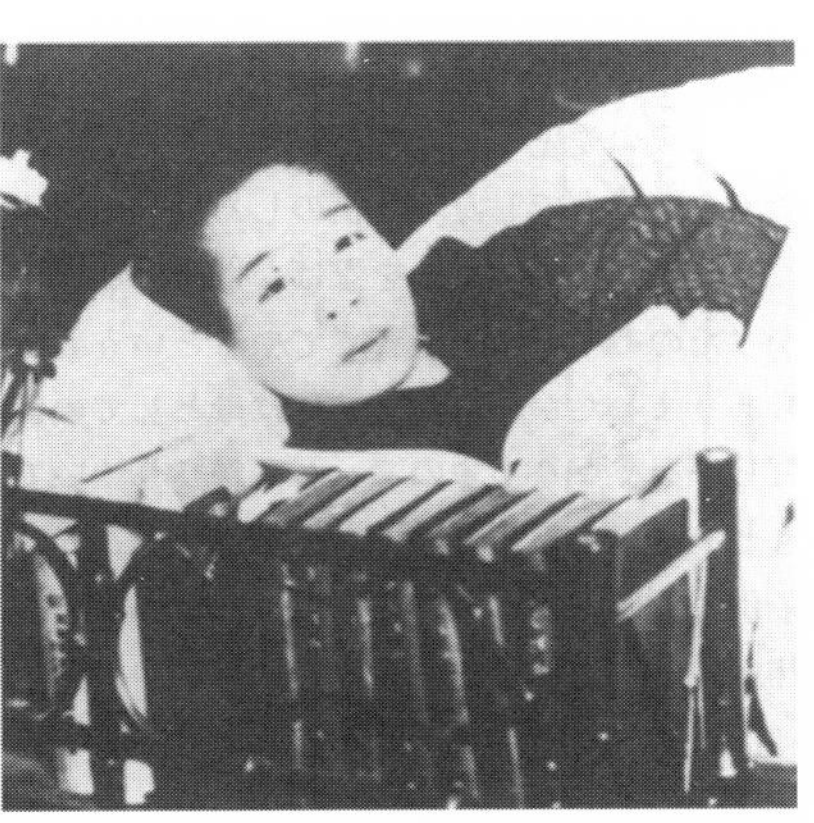

座古愛子
『花びらの一片』より転載

　座古愛子は十六歳の頃、悪性のリウマチが元でやがて全身麻痺となり、その後の生涯約五十年をベッドに寝たきりで過ごした人であった。この人も家庭環境は複雑で、実父は愛子誕生直後に離別、やがて母は座古久兵衛と再婚するが、母と祖母は愛子十二歳の時亡くなる。母の死後久兵衛のもとで育てられたが、ここでも再婚の義母と養女との同居であった。その後、芸妓（げいこ）の道に入り独立への道を歩むが、この世界特有の娼妓への落とし穴があった。これを脱した後、さらに不治の病に襲われることになるのだが、過酷な環境におかれた彼女を救ったのは、母方の祖母が信仰していたキリスト教であった。

明治三十一年（一八九八）三月、二十一歳の愛子は自宅のベッドの上で兵庫教会の人見牧太牧師により洗礼を受けた（二十三歳受洗説もある）。明治三十九年（一九〇六）、自叙伝『伏屋の曙』を出版。大きな反響を呼び、やがて不自由な身を賭（と）して文書伝道の道が開かれた。さらに縁あって、大正の初め頃、神戸女学院に購買部の販売業務に雇われることになり、伝道活動とともに約二十年間ここで学生たちに対応した。久子が座古愛子に面会するために初めて訪れたのは、この場所であった。対面した感激は尋常ではなく、以後久子は終生愛子を慕い続け、愛子の没後二十三回忌法要をも営んでいる。そして、この対面以来、久子は改めて自分を見つめ直している。その時の心情を自分の言葉で語っているので、『こころの手足』から引用しておきたい。

何十年の長い半生を女史は寝て暮らし、しかも貧苦の中で虐待されながら、その中で勉強して自分の心をしっかりと、迷いにも苦しみにも負けず抱いて来られただろうか？　結婚されず勿論お子様もない、ほんとうの一人ぼっち。それなのにあの神々しいまでのお顔は一体どうされたことだろう――どこから何を得られたのだろう。お別れする時、私のためにお祈りして下さった、泣きながら真心こめて――。

座古さんと私とどちらが不幸なのだろう？　帰りの車中で、とつおいつ考えました。結婚生活は決して仕合せではなかった、しかし夫が居る、子等も二人ある。不自由な体とはいえ行きたい所へ行くこともできる。一体自分は何が不足なのか？　手足は無くとも、どうにか一人の女として育てて下さった親があったお蔭ではないか。一寸も自分で動けぬお体であっても、親に一言の御不平も仰言(おっしゃ)らず、他人の幸福を神様に祈って下さるそのことを思ったら、私は何という罰当りではないだろうか？

初めて心の眼が覚めました。いいえ私が覚めたのではなく、女史によって覚まして頂きました。この時の感激は拙ない筆に現わしつくすことはできませんが、それ以来親を恨み世を呪うことはやめました。女史にお会いしたことが、どんな名僧知識の御高説よりも、高価な書物よりも、私には偉大な慈光であり、いかに尊い教えを得させて頂いたかは計り知れぬことでございます。

（『こころの手足』二〇九～二一〇頁）

この頃に、先に記した長女の小学一年生の運動会に初めて親として参観し感動する。この二つの出来事が重なり合い、久子の亡き母親に対する思いが、今までとは真逆の「慈恩」へと転換していくことになったようである。

大石順教尼（一八八八～一九六八）は、明治二十一年大阪道頓堀に生まれ、西川流の舞を習得し、十三歳で堀江の山梅楼（やまうめろう）の芸妓となり妻吉（つまきち）と名乗った。そして、十七歳で楼の主人中川萬次郎の養女となるが、その養父が楼内で刀を振るい六人を殺傷し（「堀江六人斬り」事件）、彼女も両腕を斬り落とされてしまった。一命を取り留めた二年後、二代目三遊亭金馬の一座に入門し、松川家妻吉の名で旅芸人となった。カナリアが嘴で雛に餌をやる姿を見て、鳥は手がなくとも懸命に生きることを知らされたといわれ、以後口に筆をくわえて書画を学び、やがて非凡な才能が発揮された。八十歳で亡くなるまで多くの秀逸な作品が制作されている。まさに中村久子と同世代を生きた人であった。

彼女も凄惨な事件で落命した人を弔うために仏門に入るとともに、身障者支援に身を挺した。昭和八年（一九三三）四十五歳の時、高野山金剛峯寺で得度して「順教」となり、四十八歳で京都山科の勧修寺で身障者相談所「自在会」を設立した。戦後、昭和二十二年（一九四七）五十九歳で勧修寺山内に仏光院を建立し、仏教者の立場からさらに身障者福祉活動と芸術活動に励み、世界身体障害者芸術協会の会員にも選ばれている。

この順教尼と中村久子との出遇いは不明瞭だが、昭和十一年（一九三六）十一月に大阪三越ホールでの「肢体不自由者講演会」で両者は講演した。そして、翌年のヘレン・ケラーの初来日時に、両者は会見している。こうしたことを通して、両者は共感し、その歩みを通じ合わせていったと思われる。久子の描く仏の顔などは、順教尼のそれに通ずるものがあり、久子は同じく口で描く順教尼の書や絵に、後々深く関心を寄せたのではなかろうか。

昭和十二年（一九三七）四月十七日、「奇跡の人」といわれたヘレン・ケラー（一八八〇～一九六八）が初来日した。東京日比谷公会堂で「東京市民歓迎会」が催され、久子はこの壇上で対面し、互いに涙で抱き合った。耳・口・眼を閉ざされた三重苦を乗り越え、社会福祉事業家として、当時すでに世界的に名が通った人との邂逅(かいこう)であった。あまりに偉大な存在であり、また大きな会場は人々で埋め尽くされており、さすがの久子もこの時は緊張したようである。これも久子自身の感動の語りを『こころの手足』から引用しておきたい。

定刻も間近になり、上流名士のお集りも多くなるにつれ、身の置き所さえない気持ちです。

守屋東女史が、舞台のケラー女史に、とその運びがつけられました。そのうちに舞台から、

「中村さん、中村さん」

と岩橋先生のお声、千葉師と守屋女史の令嬢百合子様に介添えされて、みすぼらしい人形を持って出ました。岩橋先生が英語で私を紹介されました。それを秘書のトムソン女史が指先によって（指話法）つたえられると、ケラー女史は私の傍に歩みより、熱い接吻をされた、——そして、そうっと両手で私の両肩から下へ撫で下される時、袖の中の短い腕先にさわられた刹那、ハッとお顔のうごきが変わりました。下半身を撫で下された時、両足が義足とお分りになった——再び私を抱えて長い間接吻され、両眼から熱い涙を、私は頬を涙に濡らして女史の左肩にうつ伏しました。

二千余の聴衆も誰一人として、顔をあげ得る人はなく、さしもの大会場も一瞬は、すすり泣きの声のみ——。全く生まれて初めての大きな感激でした。

みすぼらしい人形は、女史のお膝の上に抱かれて、おつむを撫でて頂いてい

ます。その暖かい女史の姿を見た時、再び感激に胸はふるえました。
心をこめた仕事に、太平洋も国境もない。あらゆるものを乗り越えて行くのは、人間の持つ尊い真心なのだ——としみじみこの時に教えられました。

（『こころの手足』一二二頁）

その後、昭和二十三年（一九四八）八月、同三十年（一九五五）六月、いずれも京都府立盲学校で計三度相見（まみ）えた。そして、三度とも久子の仕立てた京人形を贈った。なお、第三回目の時、ヘレン・ケラーは東本願寺へも訪問している。この時、山内の渉成園（しょうせいえん）を大谷智子（さとこ）裏方や連枝（れんし）（門首の一族）の大谷瑩潤（えいじゅん）が案内している。これを、息子の信明院（しんみょういん）大谷修（おさむ）鍵役（かぎやく）が今も記憶している。ヘレンには、風雅な日本庭園がどのように感じられたのであろうか。

4　仏縁

中村久子の名を響かせ、輝かせたのは彼女が信仰の人であるが故である。久子には多くの宗教との接点があったが、昭和十三年（一九三八）四十二歳の時、書道家で念仏者であった福永鵞邦より『歎異抄』を紹介され、ここに真実信心の道が開かれることになった。『歎異抄』はいうまでもなく、親鸞の弟子唯円が聞き留めた親鸞の教えの珠玉といえる書物である。紹介されたのは、大須賀秀道（大谷大学学長歴任）著『歎異抄真髄』であった。この本は、久子の心に激震を与えるほどの力をもっていたといえよう。それまで通ってきた数多の宗教的世界を見る眼が備わっていたからこそ「真実」に目覚めたと言ってよい。必死に求め続けた結実がここに凝縮されていた。

「弥陀の誓願不思議にたすけられまいらせて、往生をばとぐるなりと信じて念仏もうさんとおもいたつこころのおこるとき、すなわち摂取不捨の利益にあずけしめたまうなり」（第一章）、「親鸞におきては、たゞ念仏して、弥陀にたすけられまいらすべしと、よきひと（法然上人）のおおせをかぶ（蒙）りて、信ずるほかに別の子細なきなり」（第二章）、「善人なおもて往生をとぐ、いわんや悪人をや」（第三章）、「慈悲に聖道・浄土のかわりめあり。……浄土の慈悲というは、念仏していそぎ仏になりて、大慈大悲心をもって、おもうがごとく衆生を利益するをいうべきなり」（第四章）、「他力の悲願は、かくのごときのわれらがためなりけりとしられて、いよいよたのもしくおぼゆるなり」（第九章）、「故聖人のおおせには、『卯毛羊毛のさきにいるちりばかりもつくるつみの、宿業にあらずということなしとしるべし』とそうらいき」（第十三章）。『歎異抄』の一言一句は、味わえば味わうほど身体の中に染み入ってくるものがある。

求道の歩みを『こころの手足』に少し具体的に述べられている部分があり、ここに抜き出しておきたい。

> 何としても〝生かされている〟かぎり人間は生きて行かねばなりません。生きて行く上には真実の道があるはずと思いましたが、お説教ではあきたらず今度は仏書をあさりよみました。松原致遠先生、足利浄円先生、梅原真隆先生、曾我量深先生、金子大栄先生、とにかく高僧名師のものを入手困難な終戦前後、よませて頂いたことは、夕べに死すとも可なりの心境でした。

> 在郷中、私のとぼしい心を教えに、また歌道にみちびかれた師は、当時高山別院輪番兼大谷派教務所長だった藤山治定先生、もうお一人は春秋二回布教に御巡教下さる本派の牧野専幸師でした。
>
> 足利浄円先生のお教えを頂きたく不便な瀬戸内海の生ノ島へも、今は亡き迦洞秋子女史を通じて四、五回渡りました。
>
> 暁烏先生の所へも終戦のあくる年、講習会に一度おまいりし、梅原先生にもお目にかかることができました。
>
> ふとした御縁で花山信勝先生に親しくして頂き、上京の都度私たちは厚かましくも、幾度か泊めても頂き、先生からはいつもお教えを受けましたのは、終生忘れ得ぬ御恩でございます。
>
> (『こころの手足』一二五頁)

こうして、多くの仏教者たちと書物を通じ、そしてまた直に聴聞(ちょうもん)し、仏縁が仏縁を呼ぶこととなった。録音の法話でも、親鸞の教えは幾度も幾度も聴き続けることを強調されている。

Ⅱ　蓮成寺の法縁

一、一枚のはがき

私は先に、『Ａ級戦犯者の遺言――教誨師・花山勝信が聞いたお念仏――』を、ＣＤ化した晩年の花山師の音声を付録として出版した（二〇一九年十二月・法藏館）。花山信勝と私の父青木順正（じゅんしょう）が、昭和二十四年（一九四九）以来、親交を重ねたことがご縁となったものである。そしてほぼ同じ時期に、父は中村久子とも縁があり、やはり親交を重ねている。

私の住む愛知県碧南市は、久子にとって思い出深い場所の一つではないかと思っている。久子は〝だるま娘〟の名で見世物小屋の名物役者として人前で芸をしていた頃、「西端の蓮如さん」にほぼ毎年のように訪れていた。これは、蓮如上人御旧跡として名高い応仁寺の境内で毎年四月に勤まる蓮如忌で、戦後しばらくまでは大変賑わい、サーカスなどもあったことを覚えている古老もいる。〝だるま娘〟を見たという人も以前はいたが、今は聞かなくなった。〝だるま娘〟その人が、興業界に身を投じていた若き日の中村久子である。

一方で、同じ西端の地「無我苑」に住まわれた〝無我愛〟の主宰者、伊藤証信・朝子夫妻がいた。この伊藤朝子（一八八一～一九五六）こそ、久子が興業界からやがて仏法の道へ転ずることになるご縁を結んだ人である。この人は久子の人生の中でも大きな存在であるので、やや長文になるが本人の言葉を『こころの手足』から引用しておきたい。

　昭和九年四月半ば――。

三河西端、蓮如上人御法要の興行開演中のある日、茶色のお被布を着た上品な一見尼僧とおぼしき方が、私の芸を見つめながら、涙をこぼしておられる姿に気がつきました。そのうちに泣きながら、まろぶように木戸を出られて、言い知れぬ印象がのこったのです。

翌日は雨天で、小屋は休み。使いの人を通じて訪ねて来られたのは、昨日の上品な尼僧の方。その人は尼僧ではなく、〝無我愛〟提唱者故伊藤証信師夫人、今は亡きあさ子女史でした。

女史は幼少の頃より、女の生命である髪の毛が無く、それに御一族が医師であるにもかかわらず、発毛の術はなく、青春の時代にも長い袂、紅い帯には用はなく、黒繻子の帯に無地の被布でお暮らしになったとのこと。それゆえ、学校にも恥ずかしさの余り進学されず、人知れず懊悩の日を過ごされました。宗教は、真宗に、キリスト教にと心の依り所を求められました。そのような時、伊藤先生に師事されて求むるものが解り、ついに結婚生活にお入りになった――名高い御夫妻であります

何とかして母親らしく子供と共にある生活がしたい、子供が大きくなるにつ

れ、私はその願いをより一層つよく持つようになりました。夫（中村敏夫）は子供に対して良き父でした。そのために、今までのように隠れて送金するようなことはいらないので、気楽になれました。けれど、興行界を脱けたい望みは薄らがず、夫の実家へ無断で二人の子を連れて上京しました。

無一物で無謀にも生活しようとする私を見て、あさ子女史が発起して、東京で私の「後援会」を組織して下さることになりました。女史の代理となって御尽力された千葉耕堂師（現、千葉県市川市在住）、韓見相氏、発起人では高嶋米峰先生、泉道雄師、ハワイへ戦争中お帰りになった親日家のギルバード・ボールス氏御夫妻、平塚らいてう女史、守屋東女史、出版業の栗田確也氏、その外の方々で、忘れ難い思い出の人々であります。

後援会が出来る頃までの私たちは本所太平町三丁目、六畳一間の長屋に住みました。お向いの伊藤さん、隣りの橋本さんなどみんな親切ないい人たちでした。

けれどここは、出入りに不便ですし、子女の教育には長屋式でない所の方がよいなどと考えて頂いて、昭和十二年早春、青葉薫る頃移ったのは四谷塩町でした。

いくたびかやめたいと思った興行界——。天幕の下には坐りたくない芸人生活でしたが、これまでの長い間、実りの秋にはいたらず何度も小屋を下りては迷い、迷いては小屋に入り、心もままならず、心身ともに浮草の生活をつづけました。

後援会の皆様のお世話で、市内（当時は東京市でした）の学校、婦人会、母の会、信仰の集りなどに招かれて、体験をもとにしてお話をしてまわるようになりました。けれど私の心の奥にいつも高いもの——それは慢心が頭をもたげてとうとう自己の壁になってしまいました。後援会というものは発起人の方々に立派な偉い人たちがいても、当の本人につつましやかな、そして深く掘り下げるものがなかったら無意味なのです。

私としては月に一人一円宛の会費を受けることが目的ではありませんでした。何か一定した仕事をさせてほしいと思い、お願いもしましたけれど、身体障害者福祉法のない時代でもあり、何ら仕事もなく、精神的にも経済的にも行きづまりました。

中村は千葉師に保証人になって頂き、石炭配達をしたり、日通の荷物配達をつとめましたが、一家四人の生活は決して楽なものではありませんでした。趣味の人形の着物仕立を専門家について習い、知人や親しい方に買ってもらい、家賃や米代の資にしたのもその頃でした。自分で働いて来た者には、やっぱり人様に支えて頂く生活は窮屈でした。自分で働こう――いつでも生きて行く上には、きびしいものが砂浜のさざ波のごとくひたひたと押しよせてまいります。

夫、中村の厳父が重病との知らせのため、九州の小倉市に私たちは帰ることになりました。その時、後援会も解散して頂きました。そして再び九州で小屋の人間とならねばならぬ破目に落ち、水に浮いた油の感がしました。

けれど、変化の多い生活の中にも、あさ子女史によってともされた心の灯の、かそけくも消えることのなかったことは、大きなよろこびでした。

（『こころの手足』一一七～一一九頁）

伊藤証信（一八七六～一九六三）は、大谷大学の前身、旧制真宗大学が東京巣鴨に移転し、清沢満之が初代学長となった時の学生であった。研究科にも進み、清沢の薫陶も大きく受けたであろうが、やがて宇宙全体の〝無我の愛〟の啓示を受けたという。それは仏や神々やゴッドをも超越したものだとし、大谷派で異端視され、伊藤はやがて大谷派を脱した。同時に、無我愛運動を提唱し、冊子『無我の愛』を発行し、明治末期から戦前まで宗教界・知識層に少なからぬ影響を与えた。暁烏敏や大谷瑩韶（宣暢院連枝）など真宗大谷派の重鎮とも親交があった。関東大震災で罹災し、やがて三河の西端の農業青年団「竜灯団」や地元知己の僧侶らがこの地に二人を迎え入れ、伊藤夫妻はこの地の人となった。

夫人の朝子は、久子も語るように体毛のない病気でありながら、非常に心優しく親切な人であったようで、私自身もその人柄を聞き及んでいる。ただ戦争の時代になるにつれ伊藤は国粋主義的方向に傾き、久子はやがてこの両者から心が離れていったようであり、そのことが法話録音にも語られている。しかし、久子にとって伊藤朝子は恩人であることには変わりない。

中村久子を初めて自坊蓮成寺へ招いたのは、記録で見る限りでは昭和二十四年（一九四九）四月二十三日から二十五日までの、毎年恒例の蓮如上人御正忌（ごしょうき）法要においてである。先の花山信勝の法縁（昭和二十四年三月三十一日）からひと月も経っていないことになる。翌二十五年の同法要にも同様の日程（いずれか一日であろうか）で、自坊の法縁録に記されている。そして、この年に早くも本堂に拡声器を設置して多くの聴聞（ちょうもん）者への配慮をしたようである。この二度目の法縁について、半年前の依頼への返信と思われるはがきが法縁録に添付してある。

（ウラ・本文）
仰せつけ頂きました明春の刈谷町　元刈谷
の婦人会にはお伺いさして頂きます。

四月二十二日には何地から到着するや未定ですが、とにかく会合は二十三日にして頂き、夕刻までに御寺院に着かせて頂きませう。いろ〳〵とお世話様で御座いますが、よろしくお願申し上ます。

宿業のもとにあへぎあへぎつゞけていく自己の魂を見つめます時、真の道を求めたい念が、むね一杯になります。此處に依ってお念仏させて頂く身のとうとさを思わずにはいられませぬ。

中村久子

十月二十六日朝　大草（現愛知県幸田町）、正楽寺様にて

（オモテ・発信地）

小さな文字でぎっしりと書き込まれており、これが口で書かれているとはとても

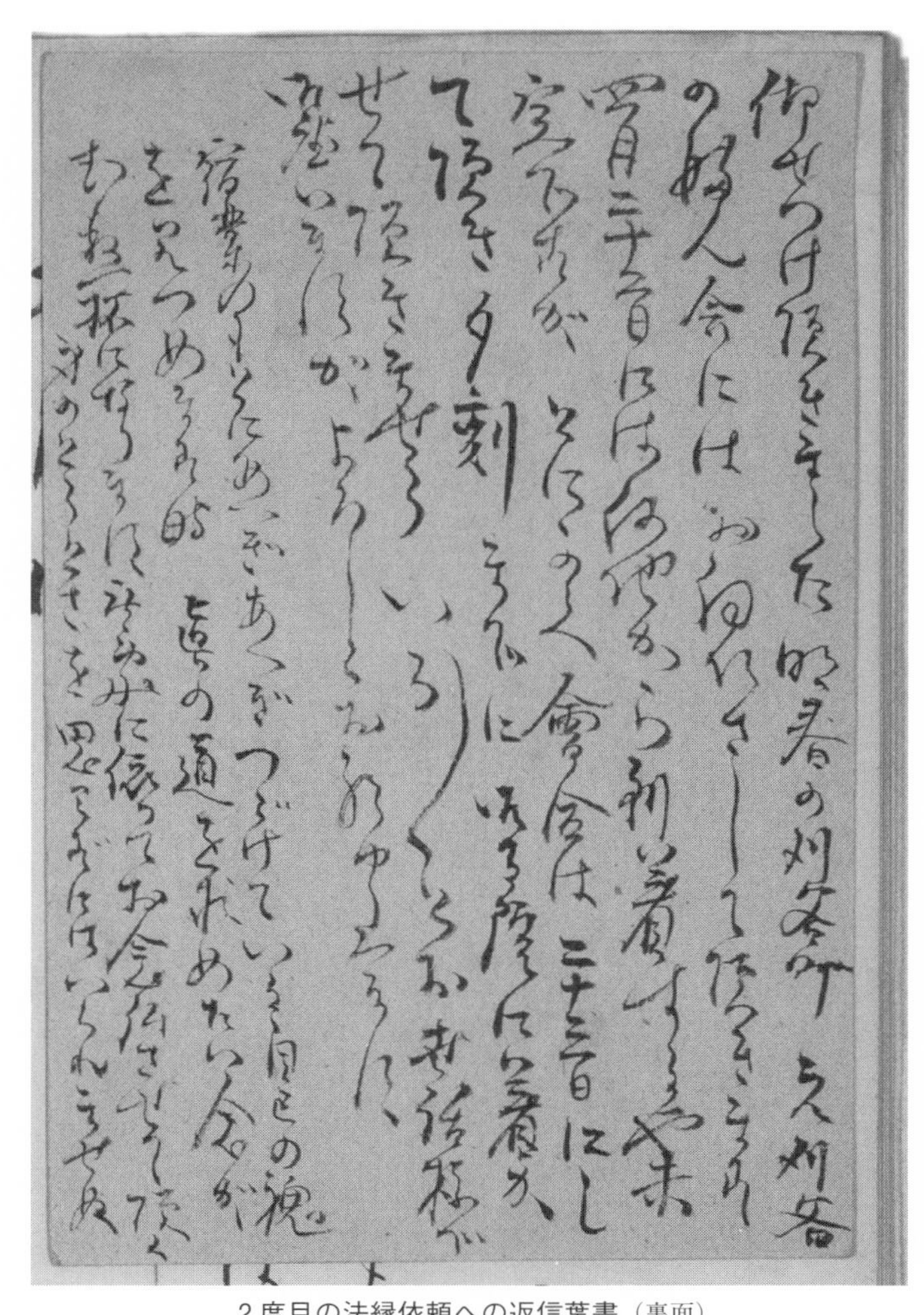

2度目の法縁依頼への返信葉書（裏面）

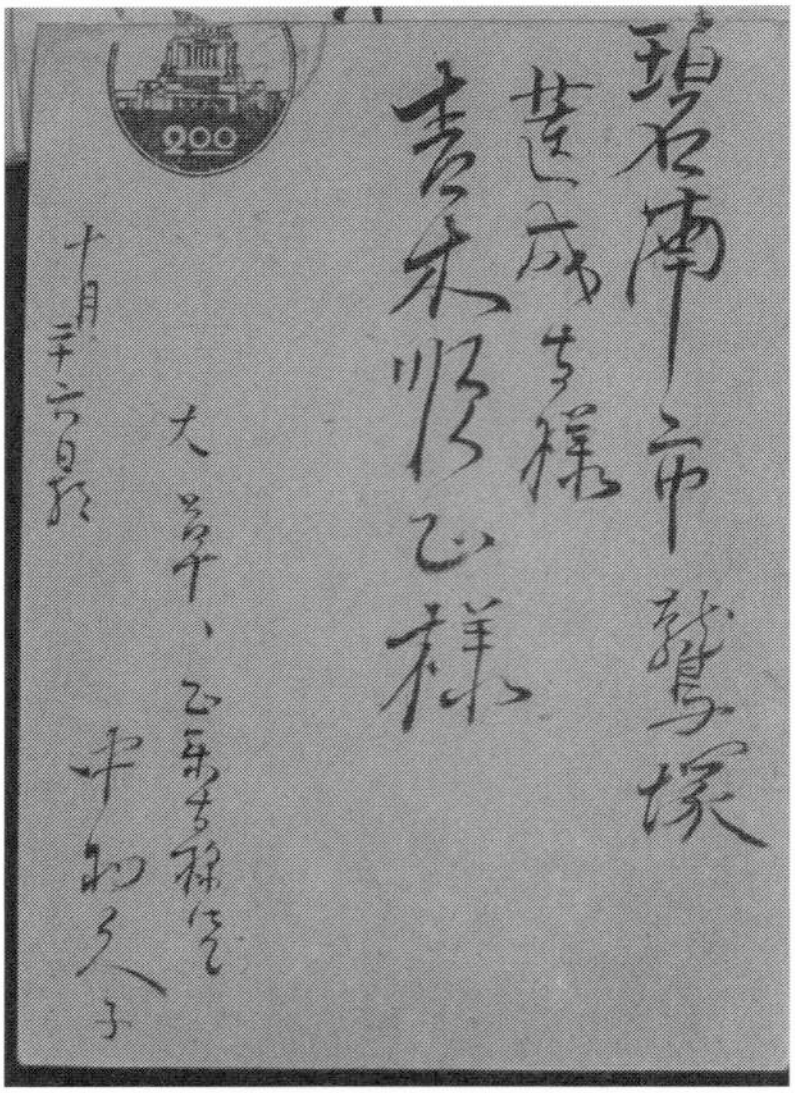

２度目の法縁依頼への返信葉書（表面）

思えないような達筆である。加えて、追伸文的にさらに細かな字で自身の内面にかかわることが吐露されており、久子の真摯な求道の姿をこの一葉からも見て取れる。後述する手紙一通と合わせて二点の交信の跡を見るのみで、内容的に見て父は意識的に保存したように思われる。

記録の上では、以下にも来寺時の筆跡が法縁録に見られる。昭和三十四年（一九五九）七月二十四日・「御恩」中村久子、昭和三十九年四月二十三日・「私の越えて

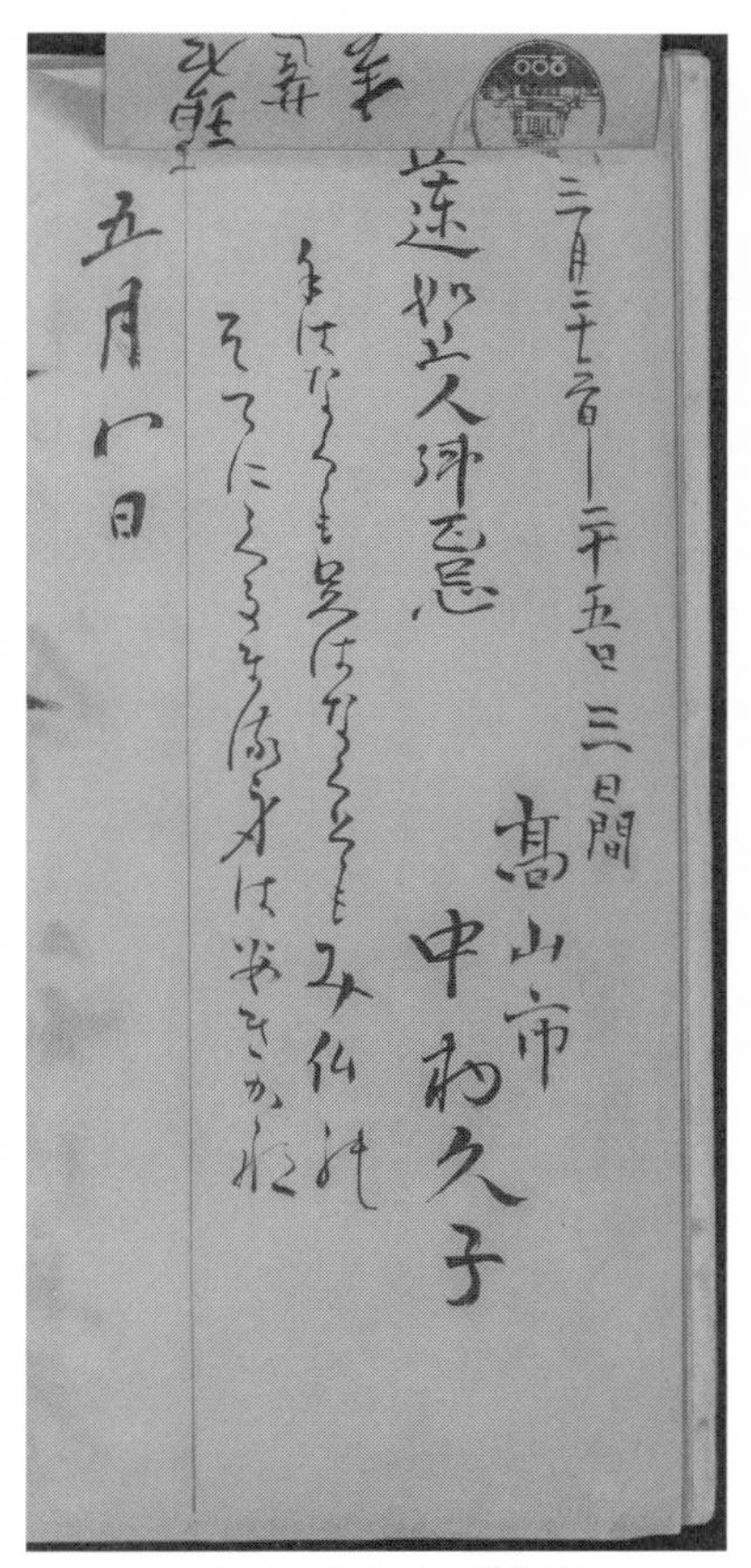

２度目の来寺時の法縁録
（久子自筆）

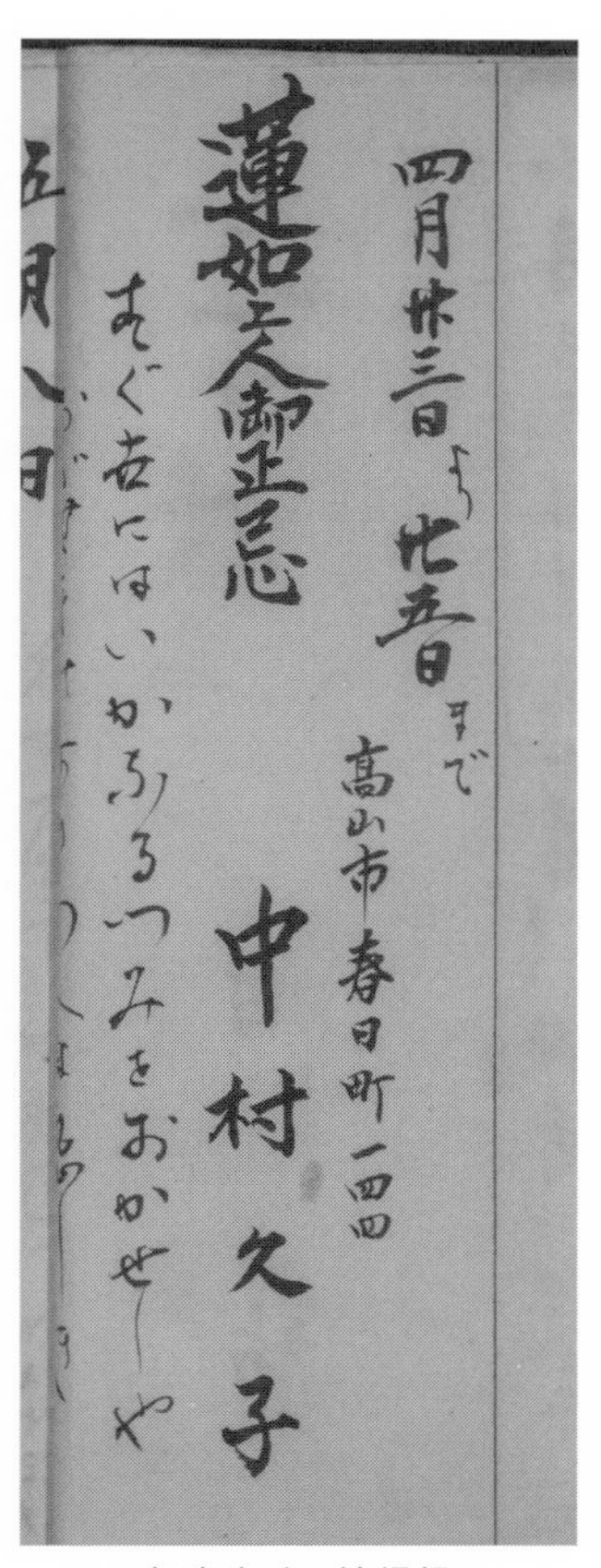

初来寺時の法縁録
（青木順正筆）

来た道」中村久子　六十八歳、昭和四十一年師走廿日・「生かさるゝ仕合せ」高山市中村久子、いずれも口書である。最初に紹介してくださったのは、定かではないが父の従弟であった岐阜県郡上八幡安養寺　楠(くすのき)祐淳(ゆうじゅん)住職（当時）であるとも聞いている。

記録以外にも来ていただいていたかもしれないが、後年、次女の中村富子さんを

短冊を書く久子（初来寺時）

昭和24年４月23日　初来寺
中央：久子　右：幼児期に電車事故で両腕を切断した女性　右端：青木順正

お招きした時（平成十二年・二〇〇〇年）、「母はこのお寺へ来ると自分の家に帰ったようにくつろいでいたようです」と言われた。手足の不自由な方には決していい居住空間ではなかったと思われるが、回を重ねるごとに思い出深い碧南の地に何かしら安心感をもって来てくださったのであろうか。

また、初めて来寺された時に撮影されたものと思われる集合写真が一枚遺っている。それは、花山信勝師が初めて来寺された時のものとほぼ同じ場所で、同様な光景であること

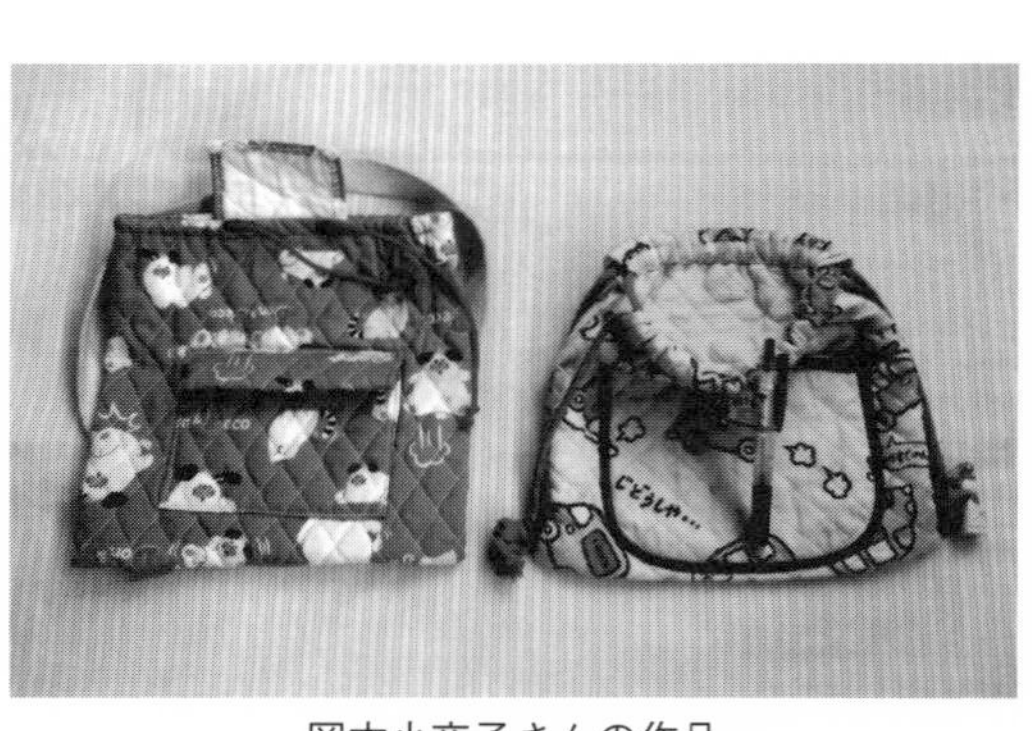

岡本小夜子さんの作品

が判る。中央に久子、向って右上二人目に次女富子、そして右隣の羽織袴姿の若い女性が、幼児期に名鉄三河線の線路で両手首から先をなくされた方で、初めてのご縁であったのだろうか。

　この人は、岡本小夜子（旧姓不明）といわれ、後に東京でクリーニング業を営まれた。そして、昭和六十年（一九八五）夏、東京から蓮成寺に来訪され、父順正に再会している。その後、私の子供に自作の幼児用リュックを二つ送ってくださった。これは今も保管しているが、両手のない方が作られた物とは思えない魔法のような品である。後にもふれるが、久子の法縁には花山師と同様、遠方からも大勢の聴聞者が寄られたが、中には身体に障害をもった方の姿もあった。それは当然のようにも思えるが、自動車が各家に普及する以前は、大変な思いをして蓮成寺に寄られたことは想像に難くない。その分、体中を耳にして聴聞された熱気は、今の時代からは隔世の感があったと思われる。そして、久子からどれほどの〝生きる力〟をもらったことであろう。

久子は、永らく温暖な静岡市にあったが、アパートの老朽化により昭和三十八年（一九六三）岡崎市羽根（はね）町の大谷派覚照寺天野（あまの）義静（ぎじょう）住職の紹介で、覚照寺の近くに移り住んだ。東海道本線岡崎駅にほど近い利便の場所であった。約三年間ここに住み、三河の地の法縁はさらに深まったことであろう。父順正も多くの寺々に紹介したようであるが、現在は中村久子の名を知る人、ましてやその法縁に遇ったことのある人はほとんど聞かない。しかし、当時は法縁を結んでいた人はもちろん、その機会のあまりなかった人でも、中村久子の名を知らない人はこの地方にはほとんどいなかったと思われる。

幸いに、蓮成寺に最後にお越しになった昭和四十一年（一九六六）暮の十二月二十日の「生かさるゝ仕合せ」と題する法話の録音が、ほぼ完全な形で遺っている。もともとオープンリールであったもので、他に中途のものもあるので、日時や前後が混乱していた。カセットテープやＣＤに入れ直していくうちに、この録音の前後が一貫していることが判ったのはごく近年である。

七十歳の時のお声であるが張りがあり、今まさに語っていてくださる中村久子がここにいると思える。過去から今に時間が戻ったようである。半世紀前も今も、世の中の状況や人間の姿はそれほど大きく変わっていないことが、このお話から伝わってくる。過酷な人生を歩まれた方とは思えない柔和な語りの中に、力強い「信」に裏打ちされた輝きにあふれたお声である。書物の文章や写真からだけでは窺い知れないものがある。光明無量の弥陀の輝きの中にあればこそであり、「お念仏者」とはかくある人のことをいうのであろう。この録音をこのまま眠らせておいてはもったいないと思うようになり、次世代の人たちにも遺すべきであると考えるようになった。

そして、中村久子亡き後、蓮成寺では久子が第一の仏教者として尊敬した臨済宗妙心寺派の山田無文（むもん）老師との縁ができ、毎年一度、十年くらいにわたり法縁が結ばれた。引き続き多くの方々が三河一円から聴聞にみえたことを覚えている。同様に、広島の岩本月洲（げっしゅう）師との法縁も続くことになり、中村久子が尊敬した花山信勝・山田無文・岩本月洲の各師とも親しく仏縁で結ばれることとなった。田舎の貧乏寺ではあったが、法縁とはかくも不思議な尊いものであることを銘記しておきたい。

とにもかくにも、先に記したように碧南の地は久子にとって、度々の応仁寺蓮如忌での興行、それを見かねた伊藤証信夫妻との出遇い、そして、戦後の蓮成寺への法縁など、ことさら縁の深い場所となった。そして、次に記すように私自身も微かな記憶がよみがえり、久子の「声」を届けることが責務と思うようになった。

二、幼い頃の思い出——微かな記憶をたどる——

中村久子の写真や声に接すると、おぼろげながら小学生の時の微かな記憶がよみがえる。昭和三十九年(一九六四)なら四年生、四十一年なら六年生の時だったことになる。

久子は奥の座敷に泊まられた。夕食の時に、両腕先に包帯を巻かれ、箸だったかフォークだったかを使って器用に食べておられた。私にその腕先を触ってみなさいと言われ、撫でるように触ってみた。つるつるでてるてる坊主のようにも見えた（『花びらの一片』の「はじめに」で三島多聞氏も同じ印象を書かれている）。そして、左腕だったか、その真ん中にほんのわずかに骨の痕跡なのか、こぶのように小さな突起のような出っ張りがあった。これがあるお蔭でちょっとしたものを引っ掛けることができてとても助かると言われたことを思い出す。部屋を歩かれる時も、短い足でちょこちょことという感じだった。子供ながらに柔和なおばあちゃんという感じを受けた。両手足がなくて気の毒な方という感じは全くなかった。むしろ不思議な人だというような印象であった。不自由な身でありながら、不自由さを感じさせることのない方だったからであろう。録音の法話を本堂で真面目に聞いた覚えもほとんどなく、この人が苦難の道を歩んで来られた人だということは、当時の私には全くぴんときていなかった。

先にも記したように、久子の法縁には障害のある方々も訪れたようである。あるいは、日頃から聴聞に来られていた方かも知れないが、それを象徴するような一枚の写真がある。私が小学校四年生頃、一緒にいるのが妹で、珍しい乗り物に乗って

改造リヤカーに乗る筆者（昭和39年頃）

遊んでいる。これはリヤカーに自転車前輪とツノハンドル、そしてペダルとチェーンを取り付け改造したものである。片足のないお婆さんがリヤカーに乗って、ハンドルを持ちペダルを回し、両眼の見えないお婆さんがリヤカーの後ろを押しながら歩いて来られたことを覚えている。三～四キロメートル離れた根崎（ねさき）の村から二人でよく来られたように思う。当時はまだ舗装道路ではなかったため、がたがた道をずいぶん時間をかけて来られたのであろう。その片足のないお婆さんが使われていた松葉杖というものを、私は初めて見た。自動車もまだ少ない時代であり、苦労して苦労して寺に法縁を求めてやって来られる方の、その原動力は何だったのだろうか。その当時は、戦争により精神的にも身体的にも傷つけられた方も多数おられたに違いない。そんな人たちの聴聞の真摯な姿勢は、今の便利で豊かな時代の人々とは大きく違っていたように思われる。とにかく私の子供の頃の記憶は、中村久子をはじめ、著名な講師のみえるときは広い本堂が満堂となり、庫裡(くり)での昼の簡単な「おとき」(昼食)がごった返した光景である。

Ⅲ　中村久子法話「生かさるゝ仕合せ」（抄）

（昭和四十一年十二月二十日、蓮成寺本堂にて録音、約一一〇分）

この頃は、著名な講師をお招きして特別な法座を年二回位は開催していたが、いずれも本堂は満堂で、時には廊下まで溢（あふ）れた。父青木順正は、三河各地のお寺や一般在家での法座に布教使として招かれており、その名はよく知られていた。そうした折りに、参詣者に告げたため、市内はもとより三河一円（蒲郡形原、幸田、西尾・吉良・幡豆、岡崎、豊田、知立、刈谷、安城、高浜など）から聴聞（ちょうもん）者が集まった。当時はバスの便もよく、近隣の方よりむしろ電車やバスに乗って来られた方々のほうが多かったと記憶している。
花山師の講話も同様に、先にも記したように当時はまだ戦争を体験した人たちが大半で、それによって心に大きな傷を負ったことにより、仏法聴聞に対する姿勢が現代とは格段に違っていたように思われる。そして、本堂にはお念仏の声が自然に湧いた。それは録音からもうかがえる。

一、讃題――西条八十 詠「ほほえみ」――

午前・前半（約三〇分）――【CD1】

法話や説教の世界では、今でも一般に「讃題」といわれる文言を口称して始める。経文や和讃・御文、あるいは三帰依文など内容を象徴する文言や聖教の一節などである。

中村久子のそれは、仏教経典の一節ではなく、主に著名な詩人などの詩を朗読されている。私は、久子のこの最初の朗読文がとても尊いものであることを、父順正から再三聞かされていた。幸いにも、添付ＣＤの法話は最初から録音されており、西条八十の「ほほえみ」を朗読される。この詩は、彼女の著書や書籍にもほとんど取り上げられておらず、その意味でもこの録音が貴重であることを知らされる。

◀CD1トラック1（13分14秒）

西条八十　作詞

ほほえみ

空に一つの日の光
あまねく世もを照らすごと
一人の人のほほえみは
よろずの人を照らすなり
悲しきときもほほえまん
貧しきときもほほえまん
笑顔は一人のものならず
この世を照らす玉なれば

ああ晴れやかに楽しみに
今日をほほえむ人うれし
胡蝶は花に鳥は木に
さち（幸）は笑顔の人にくる　　ナマンダブ――。

岡崎に三年間居住し、三河の皆様にはお世話になりお礼申し上げます。今年の五月十五日に郷里の高山へ帰らせてもらいました（自宅新築）。昨年九月、高山（国分寺）に亡母の悲母観世音菩薩を建てていただき、全国の観光客の方々も詣られますが、中村久子はどこにいるのかと市役所にも問い合わせがあります。やはり観音様を建てたなら帰ってもらわねば都合が悪いとの声もあり、帰ることにしました。

戦後十三年間、温暖な静岡と岡崎で暮らしよかったのですが、主人も私も歳をいただき、縁者のいる郷里へ戻りました。ただ十何年ぶりに雪が六、七十センチも積もる冬に暮らしてみますと、火がなかったら一時もおれません。ストーブに炬燵（こたつ）・火鉢（ひばち）に囲まれ、書き物などして短い手と足を痛めないようにします。外へ出れば冷たいというより痛くなりますが、何とか元気に過ごしています。

洗濯物がたまれば、親類の者が洗ってくれ、郷里のよさがありますが、雪が降らなければ言うことはないと思っています。でも、今はストーブもあり、電気炬燵もあり、時代の恩恵に感謝させてもらっています。何といういい時代に生まれさせてもらったものか。かぞえ七十歳、眼鏡（めがね）なしで文字の読み書きもでき、しみじみと生かされているありがたさを思います。生かさせていただいているということを、私たちはお互いにもっと心に刻み込むべきではないでしょうか。この苦しい世の中に生かされるなんて嫌だという人がありますが、嫌ならとっとと死ねばよい。薄情なようですが。でも死ねない。不平で生きている人を気の毒に思います。本当に業（ごう）の深い人のように思います。

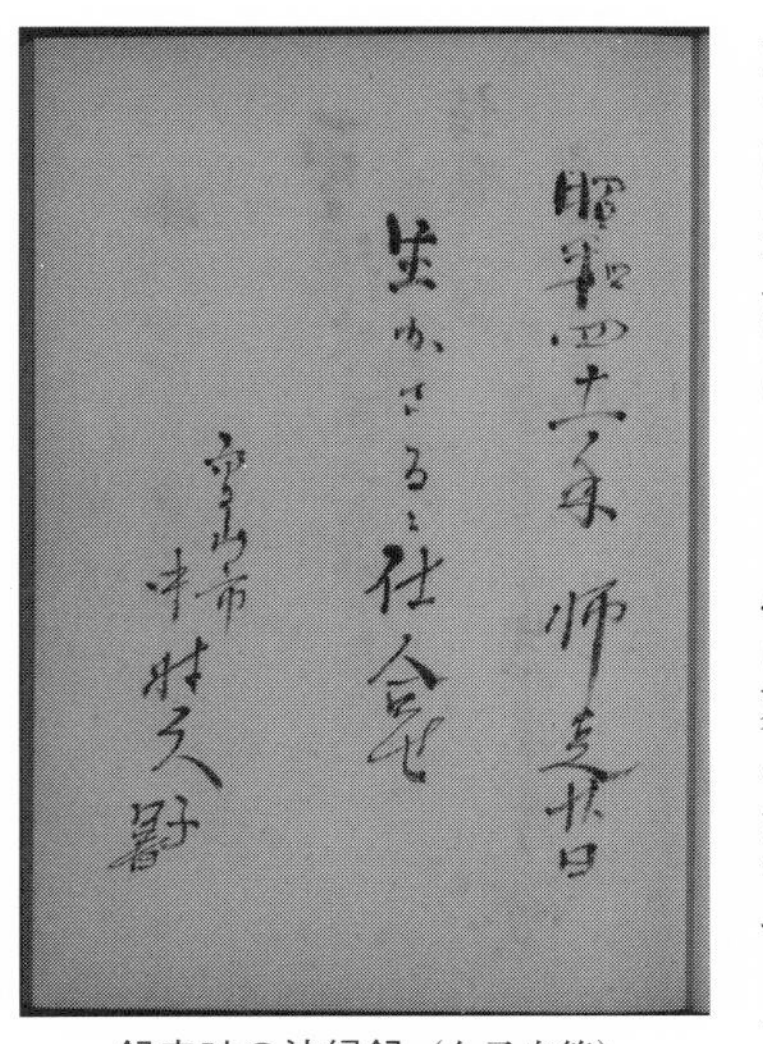
録音時の法縁録（久子自筆）

長い間お聴かせいただき、お育て

被(こうむ)ったのですが、自分の心の中には何も残っていない。何百回・何百座、座らせていただき何も心に残らなかったが、反面大きなお育てをいただいたと思います。田畑や庭木一本にも肥料を与えますが、何十日かあとには肥料はありません。木の根は育っている。肥料はなくなっている。人の心も、聴かせていただいて、声がよかったとか節(ふし)回しが上手やったと覚えていてもお育てにはなりません。何もなくなった自分の心の中に、お育てをいただき、お陰様と心から喜ばせていただくものが残っているわけです。真宗の教えは、一度や二度座ってもわからない。何百・何千回聴かせてもらい、荒れ地のこころを価値のあるものと気づくところに仏法の御教えがあります。

◀CD1トラック2（15分11秒）

姫路に大野正雄さんという在家の出の方があり、十七歳から真宗の教えを聴き、やがてお西（本願寺派・西本願寺）で得度され僧侶になられました。結婚され男の子・女の子がみえます。二十年前、突然足が動かなくなり、家の中をお尻で動かれます。檀家がなくても自宅で聞法会を開かれ、仏青（仏教青年会）を育てられ、『悲喜の涙』

（百華苑）を出版され、息子に負ぶさってご縁の所に説教に出られることを、この本で知りました。何と立派な先生かと思い、自著を添えて手紙を出しました。立派な寺の住職でさえ、なかなか子弟や門徒を育てられません。朝から晩まで、箸も持てないのに、にこにこと生きられ、何と立派な人かと御礼を出しましたら、昨年招かれてお会いしました。

多くの坊守さんは寺にいるだけですが、ここの奥さんは会社へ行き、息子を龍谷大学、娘は高校を卒業させ、生活も自分の力ですべてやられており感動しました。私の檀那寺も再建のため（高山別院焼失による類焼）住職より依頼（寄附金）されています。「自分で儲けることを考えなさい」と言っていますが、寺は檀家がすべきものという因習が邪魔していると思います。大野さんは、お金を依頼せずに今春、宗祖御遠忌を勤められました。寺といえないほど狭く、外まで聴聞者がありました。

先日、泉大津の毛織物会社の社長さんと講話のために姫路へご一緒しました。社長さんが、手足が冷たかろうと毛布二枚を土産に持参したら、大変喜ばれました。この時、明年昭和四十二年（一九六七）四月一・二日に、もう一度法縁を依頼されました。私がいつも同じ話しかできないがよいかと言ったら、私も毎月三度の法座にいつも同じ話をしている、仏様のお蔭でご法座があると言われました。

奥さんは、毎朝娘と自分の弁当、朝の支度、主人の昼食の支度をされます。大野さんはお茶一杯も自分でいれられない。でもこうして御法の生活をしてみえます。

去年、三重のある大寺で住職さんが、檀家の人が何もしてくれないとこぼされました。住職は健康だから不足を言われるが、「あなた一度姫路の大野さんの所へ行きなさい。この方の話聞いたら文句を言えなくなります」と言っておきました。御法は、互いの境涯においていただく。お礼言わせていただくことが本当のお念仏と味あわせていただいています。

ナンマンダブ――――。（参詣人のお念仏の声）

午前・後半（約三五分）　◀CD[1]トラック3（21分20秒）

お昼まで四十分余り、そして午後、時間までお話しさせていただきます。雪の高山に帰ると、雪の中を父母や祖母に負ぶさって町中を歩いてもらったことを今日でも思い出します。十四年間、どんなにして両親が育ててくださったのかと思い、泣いて通った橋を思い出します。

この間テレビで、世間では子供を捨てる若い母親があることを見て腹が立ちました。子の母になったことを忘れ、自分だけ幸せになりたいと出て行った。なぜ出て行ったのか、テレビを見て申し出てほしいです。いい加減に一緒になり、だんだん借金ができ、子供をおいて出て行く。なぜ子供を産んだ時、母親になったというしっかりした信念がなかったのか。いかなる苦労があっても、子供を育てていく決心がつかなかったのかと思いました。

今の世の中、幸福を摑む、勝ち取るという人がいますが、幸せは心から気づくもので心の入れ替えが必要です。今時、お金さえあれば何でもできると思っています。去年、法務省の依頼で関東の少年院・刑務所を回りました。栃木県の大きな刑務所では、四百人近くの囚人が講堂に集まり、女性の若い人ばかり、三十から四十代が大半でした。服装は茶羽織のお揃いで、囚人には見えず婦人会のようで、番号札もはずしており驚きました。この頃の刑務所はありがたい。女の身嗜み、化粧もし、講堂では茶羽織を一人一枚与えられている。私、茶羽織を着たことはないです。今、刑務所は一見立派な姿で生活しています。この若さでなぜ無駄飯を食べているのか。教育課長に聞きました。今は皆、生活が同じになった。しかし、収入に差がある。皆、生活が贅沢になったと言われました。

福井県の大きな家の織物屋に行った時、大きな冷蔵庫に食べ物が一杯に入っており驚きました。都会も田舎も同じです。今、子供たちもお金がかかる。洗濯物を見ると判ります。靴下の穴をかがったものはないですが、私は主人の靴下をついだり、縫い物をしています。今は生活が派手になり、ここの刑務所の囚人たちの子供もいい物を着せて、幼稚園やいい生活をしています。主人が横着者なら収入はない。万引や空巣などをしてしまう。四百人近くの大半は万引・空巣で入っている。どうしたら直るという方法はなかなかない。繰り返す人もあると課長が言われました。でも好んでやる人はないが、人の物を黙って盗ってくる心が恐ろしい。何と悲しい人たちだろうと思います。

その中に、自分の子を二人殺した人がいる。自分は死にきれず、自首して出た。

話によると、部屋の中に位牌(いはい)を立て、朝晩線香を上げている。なぜ謝る心を子供が生きているうちに起こさなかったのか。いのちは戻らない。何人目の人がその人と言われたが、顔を見られませんでした。可哀想、気の毒、その前に一言でも仏様のご縁に遇っていたら、二人を殺さなかったろう。遅かったと思いました。

姑・夫にひどくされ二人を殺した人が佐賀県刑務所にいました。仏縁はありませんでした。仏縁がなかったと言えばそれまでですけれど、私たちは互いに今日という日は、何百年何千年前に仏様により約束してくださった日であろうかと思います。仏様にありがとうございましたと、心からお礼の念仏させてもらえるのが聴かせてもらうことでした。どれほど聴いてくれと言っても、ご縁のない人、忙しいと言って嫌がる人もいます。生かさせてもらうありがたさ、尊さを聴く。未来のことを聴くのではない。死んだ後のことではない、今生きている刹那(せつな)の今を聴かせてもらうのです。

私も御座(おざ)に座らせてもらう時、居眠りしてお辞儀をしてしまう、いかん、先生の前でこれはいかんという時もあります。でもやっぱり聴かねばならないのです。

◀CD[1]トラック4（14分0秒）

私の観音様の開眼供養の導師を山田無文老師にお願いしました。愛知県のご出身で、日本一の仏教者です。私、真宗門徒ではありますが、お釈迦様の御いのちのことをお聴かせくださる方で、観音経を上げてもらいたかったのです。ご講演も願いました。今年も一周年法要に老師をお招きしました。

今年の法要で、息子のような片足のないクリスチャンの青年に接待を頼みました。そのクリスチャンの青年は、今まで十五年も二十年も聖書を読み聞きしてきたが、決してわからなかったことがあった。聖書の「貧しき者よ天国に来たれ」「ラクダが針の穴を通る」などの言葉があったが、（意味を）牧師さんに教えてもらえなかった。それが今日、無文老師に教えてもらえたと喜びました。彼は初めてキリスト教の教えがわかったとお礼を言いました。一生形だけの信者だったが、それが今日初めてわかったと。このように、老師は深いものを話されるお方です。

もともと開眼法要のみを考えていましたが、全国の関係者から毎年してほしいとの声をいただき、一年や二年で終わるものではないと思い、毎年九月の第一日曜日、生きておる限りお願いしてきました。老師は「いよいよわしゃあんたに見込まれたんじゃなあ」と言われました。二日間、一日は観音様にちなみ、明くる日は久光会のために、毎年お越しくださいと。自分のいのち亡き後もずっと勤めたいと思います。大きな費用ですが、ご寄附をお願いしていません。しかし、全国・アメリカ・ハワイから観音様のご供養のために（志を）送ってくださる。私の書物の益金を基に勤めさせていただきます。

　高山も三河も真宗門徒が多いですが、門徒らしい人がいるか。百人中九十五人は門徒らしくない人ばかりでございます（笑）。病気をしたらおまじないをして、災難したら創価学会に走る。門徒処とは言えません。あとの残り五人位が、親鸞様に自分の業報を聞かせてもらう人。そういう人はほとんどいません。私はおまじないやご祈禱は大嫌い。病気やけがは医者へ行くこと。なぜ自分の心にこれが正しいことか、悪いことかいいことか聞いてみないのだろうか。お互いに与えられた業のままにさせていただく、業より抜けきることはできないのです。

　先日、朝日新聞の宗教欄に依頼され原稿を送ってきました。親鸞聖人の教えは、ただ、いただいたものを迷わず受け取る、業報をありがとうございますと受けていくことが、聖人の教えといただいています。それが南無阿弥陀仏の世界だと思います。下手な字も、午後のご縁の時に書かせてもらいます。ナマンダブ――。（参詣人のお念仏の声・恩徳讃）

二、私はいつも新婚旅行

◀CD2トラック1（21分8秒）

午後（一席・約四七分）――【CD2】

ナマンダブ――。（参詣人のお念仏の声）

歳の多い人は新婚旅行などなかったと思います。今は、皆新婚旅行に出かけます。駅で花束をもらう光景を見ますが、列車が出発して鉄橋の上から花束を放り投げています。何ともったいないことか、高山では冬は花が高価です。花束は本当に無益なものと思います。

私はありがたいことに、主人といつも新婚旅行をしています。負ぶさってあちこち一緒に行きます（笑）。高山市制三十周年で、身障者福祉協議会初代会長ということで表彰を受けました。高山が誇れるのは、福祉会館を全国に先駆けて造ったことです。身障者は一泊百五十円で泊めてくれます。私は何もしていませんが、主人は三十七年新婚旅行しながら世話してくれても主人に表彰状をくれません（笑）。申し訳なく思っています。

私は四つの時、脱疽で手足を切り落としました。脱疽の苦しさ、痛さは恐ろしいものです。でも、今でもどこでもおられます。この碧南市にこの脱疽に効く注射してくれるお医者さんがいると聞いています。なぜこんな病気があるのだろうと思いました。四歳から十四年間病みました間、父は天理教に入りました。父の若い頃の女道楽の報い・祟りが今現れており、神様に懺悔しなさいというものでした。天理教の神様に多くのお金や米をあげたそうです。母から聞きました。その父も亡くなり、十二歳で母が再婚し、二度目の父が引っ越した先が、昔のご縁の天理教会の前でした。神様を信仰しなさいと言われたが、その気になれませんでした。しかし、母は天理教をはけ口にしたようです。私にも女の先生が親切で、神楽や琴を教わりました。天理教は嫌いでしたが、先生は好きでした。世話になったが、自分の心は天理教の神に向かわなかった。手も足もくださらなかった、クソッタレ神様（笑）との思いでした。天理教の教理は、体は神からの借りもの、心・魂が悪業（あくごう）をもっているものが人間という考え方です。私も十三・四歳の頃、神の前で話させられました。でも、こんな神、みんな何のために信仰しているんだろうとの思いでした。天理教に二十歳までおいてもらいました。家を出る時、天理教には二度と入るまいと思いました。

◀CD[2]トラック2（6分4秒）

私は、三十歳代までに結核に二度罹（かか）り、医者から見放されましたが、熱があっても負けるまいと思ってニンニクをどんどん食べました。熱にニンニクはよくないが、ニンニクを食べて肺病を追いやってしまいました。

新聞に、関東の八十代の県議会議員が二百万・三百万使って副議長になったという記事が出ていました。半年で職を返すという約束を守らなかったようで、一度でもその地位についてお墓に刻みたかったとのこと。金で名誉を買い、身障施設は金がないから民間へ任すということになる。お金の使い方がおかしい、愚かしく使う。金のために世の中に暗い雲が覆っている気がします。

◀CD2トラック3（5分7秒）

この三河の西端の伊藤証信ご夫妻にはお世話になりました。でも、伊藤先生もだんだん頼りなくなりました。天皇陛下万歳を忘れてはならない、それがあればお念仏もいらないと言われるようになりました。でも、宗教上からは天皇陛下も私たちも同じ人間です。陛下も裸でお風呂に入られるでしょう。

これではいかんと思っておりましたところに、昭和十三年（一九三八）春、ハチスカ（大須賀の記憶違い）秀道先生の『歎異抄』の本を読ませてもらいました。そこで初めて心の眼が開かれたのでした。

同じお話を聞いても、人それぞれ受け取り方が違う。私と私でない人では違う。何故違うのか長い間考えさせられました。最後に、各自「業」が違うことにようやく気づかせていただけました。先程、お座敷の法縁録を見せてもらうと、こちらでの岩本月洲先生の法縁の美しい字を見つけました。十五・六年前に先生の、各自の業報・因縁が違うとのご本を読ませてもらっていました。

◀CD2トラック4（14分53秒）

この間、関西のあるお寺の御法縁で、総代の社長さんのお宅に泊めてもらいました。ところがそのお宅に不幸があり、占い師に見てもらったらお風呂とトイレの方角が悪いから一日で壊せと言われ、タイルを一日で外してしまった。トイレは工員用に案内されました。門徒で総代のお方が日暮れまでに壊せと言われ、それをまともに受け取る方もどうかしています。お風呂は隣の市の縁者の家までもらいに行きました（笑）。寝る所はまた別の家でした。食事だけ総代さんの家、それぞれに気遣いし閉口しました。迷信もったらとらわれます。「それを気にせず、今日一日の喜びの中で伸び伸びと寝て座らせてもらった方が幸せでしょう、社長さん」と言ったら、「わしゃどうも見てもらわんと気が済まん」とおっしゃいました。「社長さん、親鸞聖人のお話をしっかりとお聴きください」と申しました。『歎異抄』のお心をしっかり読んで味わって、心からお念仏申す身になってくださいとお手紙を送っておきました。

浄土真宗の総代さんたちは年配でお金持ちが多いですが、信仰心のない人が多い。殻被(からかぶ)る総代が多すぎます。島根県のお西の緇川涀城(くろかわけんじょう)先生が、地域の総代さんたちだけを集めて講座を開いてみえます。大変いいことだと思います。風呂を壊しても何とも思わない。風呂や便所を壊しても、創価学会に入っても業(ごう)はついてきます。それがわからないのはお念仏を聴かせてもらっていない証拠だと思います。私はいつもお寺さんにしっかりお聴かせくださいと申しております。

ご当地三河は真宗の盛んな所です。創価学会や立正佼成会(りっしょうこうせいかい)に走ったりする人はないと思いますが、呪(まじな)いや祈禱は必要がない。私の経験からそう申し上げられるのです。よく考えたら、私の父が天理教に入ったことが、正しい眼、正しい宗教に導いてくれたご縁をつくってくれたと思っています。もし天理教で手足が治っていたら、私は今日この場にいないで、天理教の先生か講師になっていたでしょう。ありがたいと思うのは余宗(よしゅう)の信者にならなかったということです。

美濃の友人の高校の先生の方が、イギリスの毎日新聞を読んで身障者のキリスト教徒が活躍して有名になったと報じていたこと。そして、あなたもキリスト教信者なら有名になっていたのに仏教で損したと言っていました。私は損して結構です。パンやバターは嫌いですから外国へは行けません。負け惜しみではありません。金が儲からんでも、病気が治らなくても、災難を除けなくても、親鸞様の御教えを正しく聴き進ませてもらいたい。お一人おひとりにもわかっていただきたいと思っています。形だけの門徒・総代などそんなのいりません。蓮如上人は「一人ひとりのしのぎなり」（『蓮如上人御一代記聞書』）とおっしゃいます。一人ひとりの心の問題です。どんなことがあっても道に迷わんように一生懸命生かさせてもらおうではありませんか。お寒くなります。くれぐれもお体大切にしてください。横を向かんように真っ直ぐ、南無阿弥陀仏の道を一筋に歩ませていただきますよう、切にお願いして終わらせていただきます。

今日のご縁ありがとうございました。ナマンダブ――。（参詣人のお念仏の声）

Ⅳ　一通の手紙――尼さんの眼病を治してあげたい――

一、遺された手紙

中村久子から父順正に宛てられた一通の手紙が遺されている。長いお付き合いの割には、保存されていた手紙は一通のみであり、遺しておきたいと思われる他の手紙と共に、引き出しの一段に入っていた。したがって意識的に遺したものなのであろう。日付は、昭和三十四年（一九五九）八月二十六日で、その日に投函されている。

中村久子という方の人柄が、如実に滲(にじ)み出ている内容である。以下、全文を翻刻する。

（本文）

青木順正先生

拝掌　雨雨に、七号台風に、また八号台風とやら、仲々にうっとうしいことで御座います。先生には、相不変　御壮健にて御教化御多忙の御事と、拝察申上ております。

さて、先日は井上尼さんの事で色々と御親切に有がとう御座いました。

何とかしてお目を見えるように、最悪でも今の侭で維持させて上げたい――とおもいまして、東京の花山様御夫妻（信勝先生の御二男様）を煩らはしまして、ロシヤ人の院長先生の許へ度々に行って頂きました。入院費も一応きかせて頂き、私もどれ程お金がかゝって借入れしても、治るものなら治して上げたい、念願でおりまして、この二十九日に井上様が御上京に今日頃御送金申上ぐ可く、昨朝廿五日手紙を書き初めておりました處へ、院長先生から上京しないで、近くで養生なさいと、伝へてくれとの速達が入りまして、直ぐに井上様へこの速達を同封して、私の不明をおわび申しました。

この前に先生から、これ迄の病症を花山夫人をとおして、私に本人から委しくきいてくれとの事で、井上尼より直ちに御夫人を通して先生に申入れて頂きました（先生は予備知識を得べく）。

今朝、花山御夫人より速達が入りまして、其によりますと、上京されて診察を受けられても無駄だから、上京を止めるようにとの事で御座いました。

先生、お気の毒なことですが、井上尼さんのお目は、もう手の施しようもない結核性のものらしう御座います。それ故に、私としましても何共致し方御座いませず、唯々、不明だったことをおわび申し上ぐるのみで御座います。

（御本人には不治とは申上られませぬ。）

とにかくこれまでの経過を、御報告まで申し上げます。

次に西尾市の敬老会は、私が日曜日に行かれないので止めになりました。村松さまの御連絡で、下之切西方寺様へ二十九日夕方入寺着休、三十日出講、三十一日飛驒路へかへりまして、滋賀県を二日間まわりまして、九月七日にかへることになっています。

先は近況まで。　　　　　　　　かしこ
御寺院の皆々様におよろしく申上て
下さいませ。
先生、お体御大切に遊ばして下さいませ。

八月二十六日正午　　　中村久子出

雨

（封筒・オモテ）
愛知県　碧南市　鷲塚
　蓮成寺
　青　木　順　正　様
　　　　　　侍史
〔切手消印　34・8・26　静岡〕
（封筒・ウラ）

葉づき二十六日

静岡市大岩宮下町七八
アパート一〇六号
中　村　久　子
（住所・氏名　ゴム印）

（註）文章には適宜、句読点を附した。仮名遣いや漢字を一部現代通行体に改めた。

井上尼さんという方については全く不詳である。当地三河地方は、当時はまだ尼寺がたくさんあったので、当地で久子の法縁に恵まれ、久子と父順正の共通の知人であったのであろうか。いずれにしても、すでに重度の眼病であったようで、東京の専門医に是非とも受診・手術してもらい、費用を借金してでも治してあげたいという、久子の強い思いが伝わってくる。

そこで、東京在住の花山信勝を頼り、信勝の次男（勝友（かつとも）・武蔵女子大学教授歴任・故人）夫妻の協力を得て、ロシア人の専門医を紹介され打診することができた。しかし、結核性のもので最早（もはや）手遅れであったようで、やがて失明されることになること

1

青木順正先生

拝啓　雨雨に　七号台風に引続き八号台風とやら仲々にうっとうしいことで御座いますが先生様には　お変りなく　御壮健にて御教化　御活躍の御事と　拝察申上げて　おります

さて先日は井上尼さんの事で色々と御配慮に有がとう御座いました

何ともして　お目を見えるように　最悪でも今の位で維持させてあげたいと　念じまして東京の　花山様御夫妻（信勝先生の御三男様）を煩らはしまして　日赤中央の院長先生の許へ頼みに行って頂きました　入院費も一応きかせて頂き私も　余程お金が　かゝっても　借金してでも治るものなら　治してあげたい念願でおりましてこの十九日に井上様が　御上京に今日頃

中村久子から青木順正への手紙（昭和34年８月26日）①

2

御送金申し上げ可く（昨夜先生）手紙を書き初めておりました所へ
院長先生から上京なさりましたので 近くで養生なさい
と伺っておりますとの速達が参りまして 直ぐに井上
様へこの速達を同封して 私の不明をおわび
申しました
この（お手紙）に先生から 私達の病症を 花山夫人
お手紙に本人から委しくきいておりましたので
井上尼より直ちに御夫人を通して先生に申され
て居りました（先生は予備知識を得るべく）
今朝花山御夫人より速達が参りまして 先生によう
おすすと上京されて診察を受けられても 無駄だ
から上京を止めるようにとの御申し出で御座いました
先生 お気の毒なことですが 井上尼さんのお目は
もう手の施しようもない 結核性のものらしう
御座いますので それ故に 私としましては 何卒

中村久子から青木順正への手紙（昭和34年８月26日）②

3

致し方御座いませんで　唯々　不明だったことを
お詫び申し上ぐるのみで　御座います
（御本人さま不注意をお詫び申し上げます）
とにかく十分でなくての経過を　御教え下さって
申しわけません
次に西尾市の総会は　私が日曜日に行か、
出来ないので　出かけになりました　村松さんの
御道路で　下之切西方寺様へ　二十九日夕方
入寺着休　三十日出発　三十一日　飛驒路へ
かえりまして　総会場を二日間まわりまして
九月末にかえることになっております
先は近況まで　のみし
御一寿慶の皆様におよろしく申して
下さいませ
どうぞお体　御大切にあそばして下さいませ
中村久子出
八月廿六日正午
雨

中村久子から青木順正への手紙（昭和34年８月26日）③

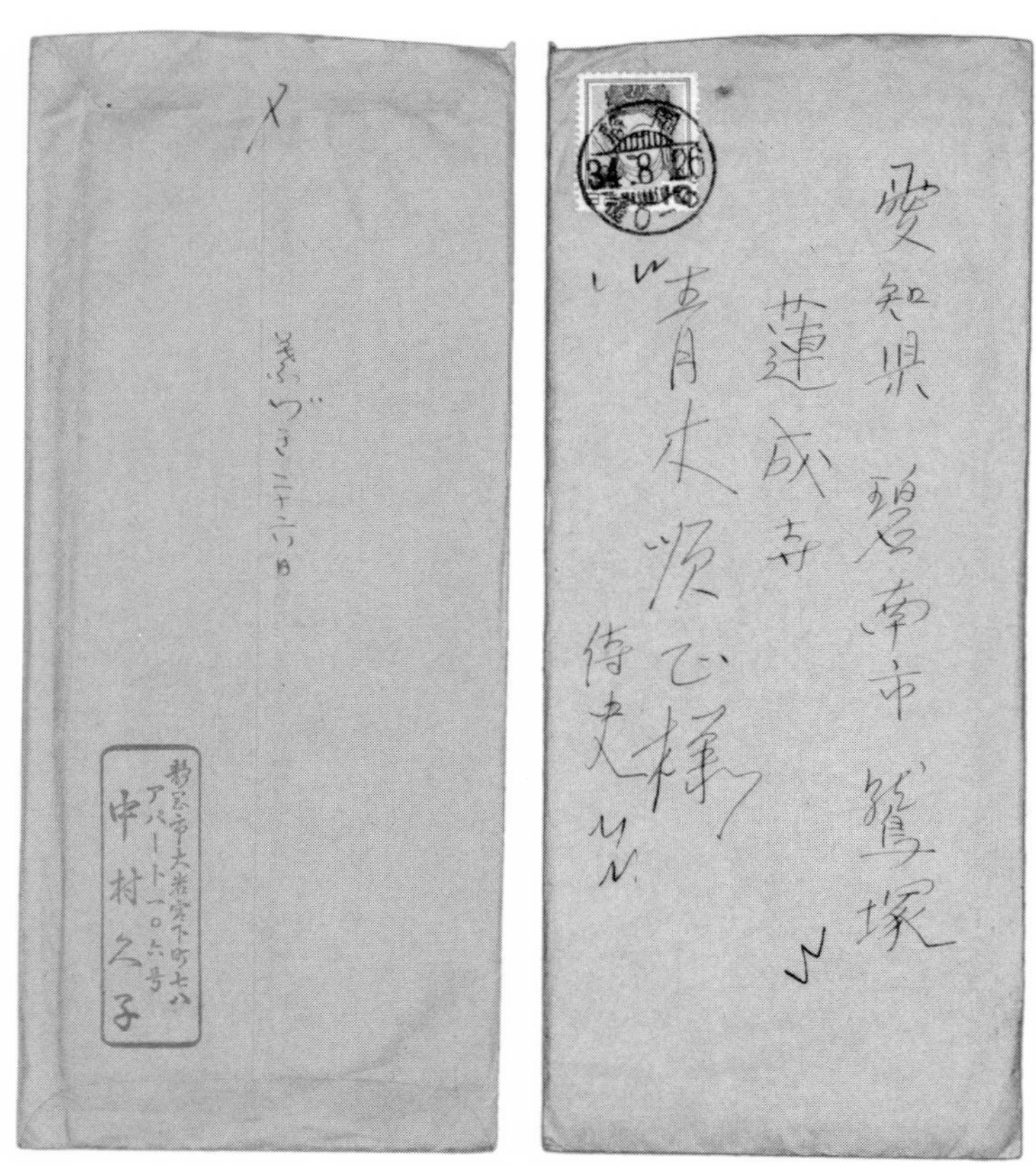

中村久子から青木順正への手紙・封筒（右：表、左：裏）

を知らされたようである。この尼さんに対し、「唯々、不明だったことをおわび申し上ぐるのみで御座居ます」と自責の念を強くいだかれている。あるいは、父にもそんな感情をもたれたようにも読み取れる。

いずれにしても、井上尼さんの眼病対応の経過について、花山父子の手も煩わせながら進めた経過を父に知らせてくださったものである。後年（二〇〇〇年）、この手紙を次女の富子さんにお見せしたところ、この件についてはご存知なかった由であった。

自分の前に病で苦しむ方があり、それを我が事のように何としても治したい、借金してでも八方手を尽くされる姿は、仏教的に見れば菩薩道の姿そのものである。さらには、久子は苦難の身と生活の中から弥陀の本願による救いのただ中にある身と気づき、お念仏申しその喜びを語るに至った。これを思うと、苦しまれる姿に対して手を差し伸べようとするその姿は、教学的には異論もあろうが、親鸞聖人の示される還相回向をここに見るようでもある。お念仏により救われた身は、救いの働きとなる。十歳の時、突然両視力を八か月間失う経験をしている久子にとっては、視力を失う苦しみと悲しみはまさに我が身のことでもあった。

いずれにしても、身障者に対する支援は、晩年に建立された悲母観音の銘板にも見られるように、久子の終生の悲願であった。この手紙では、どんな関係の尼さんかはわからないが、借金をしてでもと尽くされる姿があり、手も足もない久子が、そういう方に手を差し伸べられる心情を映し出しているようである。その意味で、この手紙は大切に保管されたものなのであろう。

ところで、この手紙は、昭和三十四年（一九五九）八月二十六日の差出しと消印である。奇しくも、そのちょうど一か月後の九月二十六日深夜から二十七日未明にかけて、当地は伊勢湾台風の来襲により、寺の本堂や庫裡も壊滅的被害を被った。もし一か月後にこの手紙を受け取っていたならば、おそらく紛失し保存されていなかったであろう。

あるいはまた、花山との仏縁がこういう形で結実しているのもまさに仏法不思議であろうか。久子の惜しみない献身の姿が、周囲の人たちの身や心を動かす力をもっていたのであろう。花山信勝の金沢の自坊宗林寺（花山聖徳堂）の地下展示室に、戦犯者教誨(きょうかい)にかかわられた方々の写真や遺品が展示してある。その中に、中村久子贈呈の自作の日本人形が座っているのが印象的である。このときのお礼の品かは不明であるが、両者の深い仏縁を伝えている。

二、花山信勝との出遇い

ちなみに、この久子と花山の最初の出遇いは、花山が戦犯者教誨と刑死者について、名古屋東別院で講演した時であった。昭和五十五年(一九八〇)七月二十四日、蓮成寺で「回顧六十年」と題した花山の講演の録音が残っており、その中でその時のことを言われている。おそらく昭和二十四年(一九四九)と思われるが、当時名古屋東別院は空襲で焼失しており、仮御殿(かりごてん)が会場であった。満堂かつ外にも人が溢れたため、縁側から境内に向かってマイクで話された。宗教に関係なく社会一般の人々が群参したのは、当時の名古屋通信(中日新聞の前身か)が主催したためと言われる。そして、「岐阜(高山)から中村久子という手と足のない人が、わざわざおんぶ

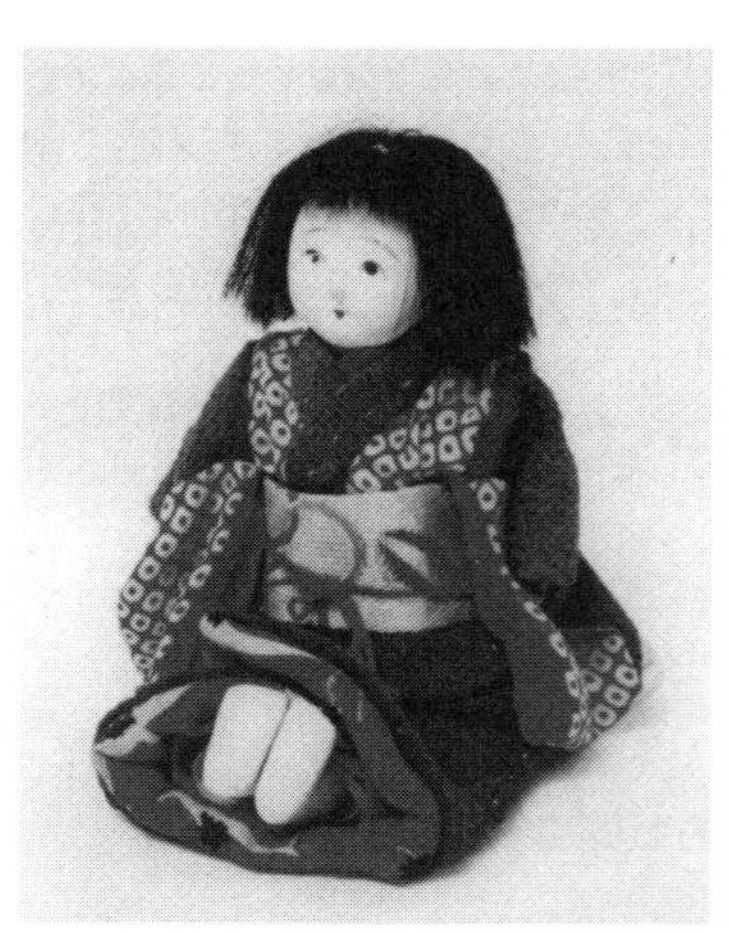

久子より花山信勝に贈られたものと同じ姿の自作の日本人形
（『花びらの一片』より転載）

されて、苦しい汽車に乗って出て来て、わたくしの話を聞かれた。これが中村さんとのめぐり逢い」であった。そして別院輪番（りんばん）の配慮で、どこかの家で「そこで中村久子さんがおんぶされてやって来て、挨拶したのが始まり」と言われる。やはり花山の戦犯者教誨の講話が縁となり、両者の交流は深められたようである。

花山の久子との出遇いは、実に鮮明である。

Ⅴ　宿業のままに——詠歌三首——

一、歌に託されたこころ

この法話の一年余後に中村久子は急逝してしまった。この柔和な語りこそ、中村久子の真の姿の表徴なのであろう。私には、最晩年のこの声のこの語りこそ、久子の人生の最大の課題であった「宿業（しゅくごう）」を見出した、あるいはそれを越える道が見出された姿だと思われる。そうして久子は、深く親鸞聖人の御教え（みおしえ）に問い、そこから映し出されたこころもちを歌に託している。数多の詠歌（えいか）の中から三首を選び、これを紹介しつつ久子の背負った深く重い歩みをうかがってみたい。なおこれらの制作年次は不明である。

手足なき　身にしあれども　生かさるる
　今のいのちは　尊かりけり

両手足のない人が、幼児期以来五十年、六十年、七十年生き続けられたという事実。自身のことを何でも驚異的にこなす人ではあったが、それでも人の手を借りずには生きられないという現実もあった。生かされているとしか言いようのない意味での「生かさるる」「今のいのち」。この重みは、健常の者が感ずる語感では及ばない重みがある。久子の詠歌の記念碑的な一首である。

しかし、私は次の一首こそ久子の人生の課題を最も象徴しているものと見ている。

宿世(すくせ)には　いかなるつみを　おかせしや
　拝む手のなき　我は悲しき

生まれる前に、どんな罪を犯したというのであろうかと問い、拝む手さえ失われた人生の悲しい嘆きの声が聞こえる。ただこの歌は、悲しみの中に真実の教えと、お念仏に値遇できた喜びが秘められているようにも読める。近代から現代の真宗では、生まれる前（前世）、死んだ後（後世）を明瞭に語らない傾向もある。久子自身も法話の中で、聴聞は死んだ後のことを聴くのではなく、唯今のことを聴かせてもらい、お育てをいただくのだと強調する。

しかしながら、久子自身は聴聞を重ねる中で、この詠歌に込められた「悲しき」身の「宿業」を生涯をかけて模索し続けたに違いない。ここにこそ、久子の聴聞の軸足があったならば、我々もことさら凝視する必要がある。先にⅡ章一節で紹介した「一枚のはがき」でも見たように、久子が「宿業」について問い続ける様子がうかがえる。「宿業のもとに、あへぎあへぎつゞけていく自己の魂を見つめます時、真の道を求めたい念がむね一杯となります。此處によってお念仏させて頂く身の尊さを、思わずにいられませぬ」。ここにいう「あへぎあへぎ」の語感は、進んでは退き、退いては進むという心情を連想させる。こうした胸中を、やや具体的に書いている文章が『こころの手足』の中に紹介されている。昭和三十二年（一九五七）真宗大谷派の月刊誌『同朋』に投稿されたもので、少し長いが引用してみたい。

入学の四月が来ました。

人並みに学校へ上がられるものと思っていた夢は、はかない虹のようにいつしか消えてなくなりました。消えた――それは社会の手で、否、縁者たちの黒い大きな手でかき消されてしまったのです。

障害者の子が生きていることは家のこけんにかかわる。片輪の子が身内にあることは肩身がせまいから戸外に出してはならぬ、学校などはもってのほかのこと。障害者には学問や勉強は不用のものと、固くとざされてしまいました。

こうした一般人の考え方は、決して明治や大正時代の古い人々のみにあったことではなく、昭和の今日でもなお生まれつき、病気、その他あらゆる原因で障害者になった人たちのいずれを問わず、迷惑がられ嫌がられていることには少しのちがいもありません。

「あんた、まア可哀相に手も足もないんじゃなァー、前世の業じゃでなァー、この世は〝業〟はたしじゃで、しんぼうしんさいなァー」

「この世で手も足もないなんてことは、あんたに何かたたっているんじゃぜなァー、たたりだから〝業〟だと思ってあきらめるんじゃぜな、あきらめんさいなァー」

物心つく頃から今日までにこうした言葉は耳にたこのできるほど、あらゆる人たちから聞かされました。山間僻地の人たちの言葉は、取るにたらぬものと片づけることもできますが、何々教団の、しかも宗教家として立派な堂々たる肩書、地位を有しておられるある布教師が、身体障害者連中へ御講話の中に例の前世の業が現われて――云々などというのを聞くと情けなくなります。

その中の障害者の一人が私に、仏教とは親しみ難いもの、と言われたことがあります。いかなる立派な地位や肩書やバックがあっても、あなたは前世の業だから、と高い所から言い放つことは、他宗は知らず、親鸞様のみ教えからは決してこんな思い上がったことは言われないのではないでしょうか。

無学なために、もちろん、真宗の高い深い教学を全然存じません。けれどもあきらめよと言われて、手足のない自分をすなおに、ハイ、そうですか、とあきらめ切れるものか切れないものか、まずおえらい方々から手足を切って体験を味わって頂いたら——と私は思います。その悲しみと苦しみはどれほどのものか——。六十年を手足なくして過ごした私ですが、決してあきらめ切っているのではございません。あきらめ切れぬ自分の宿業の深さを、慈光に照らして頂き、お念仏によってどうにもならぬ〝自分〟をみせて頂くのみなのです。

過去における仏教、すべてのことを善処して行くことでなく、ただ頭から、因縁だから業だから、あきらめねばとの一方的なこの観念が、仏教を知ると知らざるによらず、社会の人々に沁みこんだことはかなしいかな、〝死物〟にひとしい今日の仏教に追い込んでしまったゆえんと申し上げたら過言でございましょうか。

あきらめも、臭いものに〝ふた〟では何の役にも立ちません、むしろこの〝ふた〟は無い方がましなように思われます。現在の日本に身体障害児童（十八才未満）が、約四十万人に上るとのことですが、このうちのだれ一人として障害者になりたい、と希ったものがございましょうか。おそらく親も子も健康と幸福を祈って来られたでしょうに。

肉体的に、精神的に不幸な人たちがたくさんおられることは、いつの時代にも変りないことと思います。それ故にこそ、大乗仏教のみ教えをもっと身近に教化して頂きたい——と願うのは無理なことでございましょうか。

それと同時に私たちお互いも、他人の後生の一大事でもなければ、人の因縁でもないのですから、もっと真実の道を求めて良き師について、聞かせて頂かねばならんと思います。

「よきこゝろのおこるも、宿善のもよほすゆえなり、悪事のおもはせらるゝも、悪業のはからふゆえなり。——故聖人のおほせには、卯毛羊毛（うのけひつじのけ）のさきにいるちりばかりも、つくるつみの宿業にあらずといふことなしとしるべしとさふらひき」。

『歎異抄』の、おおせにもありますように、どんなことも宿業によらぬものはありませぬゆえに、宿業を通してみ仏から給わりました、お慈悲の、お念仏をさせて頂きたいと思います。

（真宗大谷派月刊誌『同朋』昭和三十二年八月・九月号抜粋・『こころの手足』一八〇〜一八三頁）

前世の業だからあきらめるしかない、と説かれることに対する久子自身の反発と、既成仏教への言辞は痛烈である。『歎異抄』が伝える親鸞聖人の声は、もっと深いところから滲み入るように「慈光」に照らされるごとく微妙な、デリケートなものであることを言われるのであろう。

「宿業」の中身は、容易に言葉に言い表せないものとも思える。それを久子は、いわば死に物狂いで「教え」の「言葉」に求め続けたに違いない。

二、慈光を求めて

浄土真宗の宗祖と仰がれる親鸞その人も、「他力」の信心への道程のありようを妻の恵信尼が書状（娘覚信尼宛）に書き綴っている。一般に、二十九歳の時、六角堂での夢告により自力から他力への転換があったとする。『御伝鈔』に語られ、自身も「建仁辛酉の暦（二十九歳）、雑行を棄てて本願に帰す」と『教行信証』末尾に記す。しかし、恵信尼書状では親鸞五十九歳の時、「信」に苦しむ親鸞の姿を克明に記している。常陸国にいたころで数日間高熱にうなされながら、夢か現かの中で「大無量寿経」の経文を読み続けていた。そして、我に返りつつ十七・八年前（四十二歳）武蔵国か上野国の佐貫という所で、衆生利益のために『三部経』千部を読み始めて、これは何事か、名号の他に何の不足があって読経するのかと思い返して、四・五日で中止したことを思い出していた。そしてまた今に至っても、経文を読誦しており、自力の執念の深さを思い知らされたとしている。すなわち親鸞にとって、念仏の「信」以外の読経することすら自力のはからいであり、その心が深く隠れるように横たわっていたことを「発見」したことになる。二十九歳で法然の門に入り「他力」に転向して、ちょうど三十年経過していた。偉大な親鸞をしても、「他力」への道程が長く厳しいものであったことを恵信尼が代弁している。

これらのことを思うと、中村久子がいのちがけで親鸞を尋ね、「宿業」のありかを「あへぎあへぎ」求めていった姿が思い浮かぶようである。そして、幾年かかったのであろう。確かな光が見えたそのこころもちが、この晩年の久子の柔和な声になっていると思いたい。まさに、それは、自己の深い「宿業」を「慈光（じこう）」が照らし出した姿なのであろう。

そして三首目は、深い深い悦びの一首である。蓮成寺での最初の法縁録にも書かれている。

手はなくとも　足は無くとも　み仏の
　袖にくるまる　身は安きかな

過酷な境遇のこの身が、「み仏」（阿弥陀の本願）の手の内にあったと気づかされた時、それはもはや「法悦（ほうえつ）」以外の何ものでもないことが詠み込まれている。『蓮如上人御一代記聞書（ききがき）』に「南無阿弥陀仏に身をばまるめたる」の言葉や、『御文（おふみ）』に

「この阿弥陀ほとけの御袖にひしとすがりまいらするおもひをなして」というような言葉が見られ、これらが下敷きになったのではあるまいか。いずれにしても、「宿業」のありかを求め歩む中に、いつかこの身このままが「み仏の袖にくるま」れていることに呼び覚まされ、気づかされた心境がよく伝わってくる。これを読む我々の方も、その響きに心が洗われるようである。

あとがき

本書は、『A級戦犯者の遺言――教誨師・花山信勝が聞いたお念仏――』（二〇一九年・法藏館刊）の姉妹版である。どうしても中村久子女史の音声も伝えておかねばならないとの思いで出版した。

中村女史の過酷な生涯と、後半生の真摯な仏法聴聞の姿勢については最低限の記述にとどめた。それは、ご本人の「声」を聞いていただくことが主眼であるからで、生涯については『こころの手足』（春秋社刊）などに尽くされている。ただ、眼病の尼僧への配慮を示す手紙は、従来知られていない久子像を語るものとして重要であると考え、全文掲載した。

実は、「声」に関しても本書より前にすでに出版されたものがある。『私の越えて来た道』（CD音声付き）が、一九九六年八月に同じく春秋社より刊行されたが今は廃刊となっている。これは、女史の晩年に親交があった瀬上敏雄（せがみとしお）氏の尽力により刊行されたもので、六十九歳の女史が愛知県春日井市の勝川（かちがわ）公民館において、一時間余り自分の歩んだ足跡を語られている。ここには、幼児期に両手両足を失った境遇にありながら、悲惨と苦悩を越えてきた見事な生涯の道程が語られている。そして、「逆境こそが私への恩寵であった」と締め括られる。瀬上氏の女史への尊敬から、何とか音声を残しておきたいという情熱により世に出されたものと思われる。ただ、場所が公民館であったため、お寺の本堂で語られるような信仰上のことについてはほとんど語られていない。

　私は、中村久子女史は「信仰の人」だと思っている。過酷な境遇を越え、その原点に父母があり祖母があり、後に親鸞聖人の教えに出遇うことにより、その境遇と肉親の悲しみが血肉となり、この人の人生が光るものとなった。少なくとも、私はこのように位置づけてみたい。法縁とは、どんな人生を歩んできたか諦観する眼が与えられ、「今」に喜びがもたらされる。この音声の中には、そんな女史の「信」の姿が力強く語られている。「はじめに」で紹介した、さだまさしの楽曲「いのちの理由」の最後の部分「愛しいあなたに出会うため」とは、彼女にとっては阿弥陀様や親鸞聖人のように思える。

　同じ人が同時期に語られたものではあるが、前者の音声だけでは中村女史の語られるべきことが尽くされていないように感ずる。その意味では、本書のCD録音は蓮成寺の「本堂」における「法話」であり、中村久子その人の内面が浮き出ており、何度繰り返し聞かせてもらっても新鮮である。

中村女史は各地に赴かれているので、法話の声も録音が残っているように思われるが、私の知る限りでは一日（午前・午後）を通して完全に残るのはこれのみのようである。元々はオープンリール録音であったものを、カセットテープに移し替え、これをＣＤ化したものである。残念なことに、その原版であるオープンリール版を紛失してしまい、手許にはカセット版しかない。しかし、こうしてＣＤ化されたことにより、多くの方々の手許に残ることは喜ばしい。

「はじめに」でもふれたように、花山信勝師によるＡ級戦犯者の最後の声の語りと、この中村久子女史自身の声を聞く時、何か共通するものを強く感ずる。それは、いずれもが人生の絶壁に立たれていたことであろう。「教え」が金言となり、「南無阿弥陀仏」が「真実」なる言葉として確かにはたらいている。そして戦犯者たちは、永遠の世界から「平和」を願われ、中村女史は常に身障者と共にあり、そして我々にも深い眼（まなこ）と生きる力を与え続けられる。

はからずも、この両者の姿や声を大切にしてきた愚父の遺品が今に遺った。時を経るとともに、これらをさらに先の時代にも届けねばならないことを私の使命と考え、ようやくここにこの両者の「声」を書籍化して残すことができ、安堵している。宗教や思想、立場を越えて一人でも多くの方々が手に取り、真実なる「お声」を聞いていただければと願っている。

なお、本書制作のため多くの方々のご協力をいただいた。原稿整理や一部テープ起こしを旧友の榎本明美氏にお願いした。同朋大学仏教文化研究所研究員川口淳氏には、写真撮影や情報提供にご協力いただいた。西尾市浄名寺松原紗蓮(しょうれん)尼には、浄土宗限定シングルCD「さだまさし いのちの理由」を手配恵与していただいた。また『花びらの一片』の編者である高山市真蓮寺三島多聞氏には、写真掲載などをご快諾いただいた。そして面倒な編集作業を法藏館編集部の上山靖子さんにご尽力いただいた。これらの方々に感謝の微意を表したい。そして、このような特殊な形態の書物の出版をお引き受けいただいた法藏館社長西村明高氏にお礼を申し上げたい。

二〇二一(令和三)年五月

青木　馨

【著者略歴】

青木　馨（あおき　かおる）

1954年、愛知県生まれ。真宗大谷派蓮成寺住職。同朋大学仏教文化研究所客員所員。2018年、博士（文学）。『本願寺教団展開の基礎的研究』（単著）、『Ａ級戦犯者の遺言』（編著）、『大系真宗史料 伝記編６ 蓮如絵伝と縁起』（編著）、『蓮如名号の研究』（共著）、『誰も書かなかった親鸞』（共著）、『教如と東西本願寺』（共著）ほか。

JASRAC 出 2104657-101

私が生まれてきた訳は
中村久子の声を聞く

二〇二一年八月一〇日　初版第一刷発行

著　者　青木　馨
発行者　西村明高
発行所　株式会社　法藏館
京都市下京区正面通烏丸東入
郵便番号　六〇〇-八一五三
電話　〇七五-三四三-〇〇三〇（編集）
〇七五-三四三-五六五六（営業）

装幀　野田和浩
印刷　立生株式会社　製本　山崎紙工株式会社

ISBN 978-4-8318-5719-4 C1015

A級戦犯者の遺言　教誨師・花山信勝が聞いたお念仏　青木　馨編　二、〇〇〇円

風になってください　視覚障がい者からのメッセージ　松永信也著　一、四〇〇円

ことばの向こうがわ　震災の影　仮設の声　安部智海著　一、一〇〇円

しあわせの宗教学　ウェルビーイング研究の視座から　櫻井義秀編　二、五〇〇円

仏教社会福祉入門　日本仏教社会福祉学会編　一、八〇〇円

本願寺教団展開の基礎的研究　戦国期から近世へ　青木　馨著　九、八〇〇円

法藏館　価格税別